한녀 (恨女) 랩소디
인주 유머 에세이

*

어려서부터 우리집은 가난했었고 I think i'm ugly and nobody
wants to love me 날 너무나 사랑해서? 티비를 껐니? 시발놈아? 겉으
론 fat girl 속으론 goodgirl 나를 잘 알지도 못하면서 내 겉모습만 보면
서 한심한 여자로 보지마 쌍놈아 나를 사랑으로 채워줘요 사랑의 배터
리가 다됐나 봐요 난 핸들이 고장 난 70KG 트럭 내가 웃고 있나요 모두
진실입니다 내 직업은 광대 내 직업은 웃음을
파는 일이었으면 좋겠다 흑흑
웃기다고 해주세요
제발요

저자소개

 필명 인주. 청소년 시절 처음 썼던 소설의 주인공 이름을 따와 지었다. 한번 꾹 찔러봤을 뿐인데 새빨간 흔적을 남기며 여기저기 따라다닐 것 같은 질척거리는 느낌이 마음에 들었다.
 소설 속 인주는 우울하고 고독하고 특별하고 싶은 청소년이 쓴 소설의 주인공답게 자살하고 말지만, 리얼월드에서 사는 인주는 제철 음식 꼬박꼬박

챙겨먹으며 어떻게든 이 땅에서 건강하게 살아남으려 발버둥 치고 있다.

분에 넘치는 사랑이 받고 싶어 셀럽을 꿈꾸지만, 술자리 MC 외에 제대로 된 무언갈 하기엔 지나치게 게으른 편. 대부분의 시간을 누워서 지내는 주제에 유퀴즈에 지나가던 웃긴 시민으로 출연해 유명해지는 상상을 즐긴다.

하도 말이 많아 주위의 제안으로 썰풀기 전문 유튜버에 도전했지만 관객 없이 떠들어보니 어색해서 실패. 간지 나는 가사로 느슨해진 인디씬에 긴장을 주는 라이징 스타가 되기 위해 싱어송라이터에 도전했지만 죽어도 기타에서 맑은소리가 나는 법이 없어 실패.

이것저것 다 실패하고 마지막으로 글쓰기에 도전했다.

글은 무조건 재밌으면 그만이라는 일념 하나로 열심히 타자를 두드렸는데 '웃긴 줄 알고 읽었는데 정신 차려보니 울고 있다'는 감상평들이 줄지어 달렸다. 남을 웃기기만 했지, 울려본 건 처음이었는데 울리는 것도 웃기는 것만큼 꽤나 짜릿하길래 계속 써보고 있다.

사진이 실물보다 좀 더 나은 편이다.

목차

저자 소개   6

1장. 한도 많고 말도 많아서

한녀(恨女)랩소디   13
햇님은 쨍쨍 모래알은 반짝   27
가장 보통의 여자   55
수치심의 역사   75

2장. 사랑을 사랑하지 않는 법을 몰라서

애(愛)정기   109
레즈 실격   133

3장. 내가 사랑한 모든 여자들에게

영원이 아닌 영영　　　　　　　　155
나를 사람으로 채워줘요　　　　　191

- 에필로그

NO MORE SEX　　　　　　　　207
추천사(이홍주, 차서로)　　　　　224
인용음악　　　　　　　　　　　239

1장. 한도 많고 말도 많아서

한녀 (恨女) 랩소디

안녕하세요. 인주씨. 저에게는 마음을 터놓고 무엇이든 말씀하셔도 됩니다.

어디서부터 말해야 할까요. 어려서 부터 우리 집은 가난했었고요, 중학교 때는 수많은 Hater들로 인해 I think I'm ugly and nobody wants to love me 하여 같은 반 어여쁜 학우들을 보며 Just like her, I wanna be pretty라 생각했어요, 고등학교 때 날 너무나 사랑한다는 오빠는 티비를 껐고요, 저는 Baby I'm so lonely lonely lonely lonely lonely 하고 말았지요. 이러한 배경을 바탕으로 한때 잠시나마 너희가 예술을 아느냐며 세상에 출사표를 내던지기도 하였지만 곧 입시를 겪으며 행복은 성적순이라는 것을 잠시 체감 한 뒤 대학에 들어가 In the Club하여 겉으론 Bad Girl 속으론 Good Girl인 저를 누군가 알아봐 주기를 바라기도 하였습니다. 최근에는 사랑의 배터리가 다 되어 버려서 내가 웃는게 웃는게 아니고요, 요약하자면, 전 핸들이 고장난 8T 트럭으로 제 인생은 언제나 삐딱선이라고 할 수 있겠습니다.

인주씨. 당신은 웃고 있지 않고 당신이 웃었다면 그건 모두 거짓이며 당신의 직업은 광대가 아니니 수많은 관객 앞에서 웃음을 팔지 않으셔도 됩니다. 저는 무엇이든 들을 준비가 되어있습니다. 부담 갖지 마시고 편하게 말씀하세요. 무엇이 당신을 힘들게 하나요.

정확하시네요. 제 직업은 광대가 아니고, 저에게 수많은 관객이 있는 것도 아니지만, 자꾸만 웃음을 팔게 되는 것이 저를 힘들게 합니다. 저는 사람들을 웃기지 않고서는 살아갈 수 없습니다. 저는 사람들을 너무나 사랑해서 (티비를 껐어) 구체적 대상도 없는 사람들을 (보고 싶은 사람도 없는데) 너무너무

너무 그리워하며 저를 스쳐 간 모든 인연에 의미를 두고 (거부할 수 없으며) 그들도 저와 같길 바라며 그들의 호감을 사기 위해 (이제는 웃는 거야) 스마일 어게인을 외치고 맙니다. 선생님 저는 이제 정말이지. 이런 것은 그만두고 싶습니다.

친구들은 저를 사랑합니다. 하지만 제 모든 것을 감당하지는 못합니다. 때문에 저는 친구들과 만나면서도 자꾸만 새로운 사람을 찾으러 밖으로 나갑니다. 거리에 지나다니는 사람을 힐끗 쳐다보며, 친구의 학교 동기와 자기소개를 나누며, 성별과 관계없이, 나이와 관계없이 그들과 사랑에 빠질 수 있을지 가늠합니다. 그리고 그들이 나를 사랑할 수 있을 것 같을 때도, 내가 그들을 사랑할 수 있을 것 같을 때도, 일방향 양방향 가리지 않고 약간의 가능성이라도 보인다면 최선을 다해 MC·인주가 됩니다. 최선을 다해 사회를 진행하다 잠깐 정적이 찾아오면 원활한 진행을 위해 냅다 팬티를 내리기도 하지요. 누군가에게 들킬까 조마조마하면서도 누군가라도 알아주기를 바라고, 진짜로 들켜 버리고 나면 주인 잃은 팬티만을 덩그러니 남겨 둔 채 냅다 도망쳐 버리는 사람. 아무도 시키지 않았지만 스스로 팬티를 내리고서는 팬티를 내리게 하는 사람은 나도 사절이라고 자존심을 세우고 싶은 사람.

그게 바로 접니다.

선생님, 저는 정말이지 이제 제 M.I.C를 다른 사람에게 넘겨주고 싶습니다. 나만큼 웃긴 누군가를 만나 입을 꾹 다물고 그가 부리는 재롱을 감상하며 손뼉 치고 싶습니다. 분명히 그렇게 생각하고 있는데, 왜 저는 저만큼 웃긴 사람을 보면 '에스파는 나고, 둘이 될 수 없다'라며 선전포고를 날리고 싶은 것일까요. 다른 관객들과 함께 따라 웃지 못하고 객석에서 벌떡 일어나 MC의 개그를 맞받아치며 내가 더 웃기게 잘 할 수 있다고 으스대고 싶은 충동에 시달릴까요. 방금 까지 스스로 팬티를 내리게 하는 사람은 나도 사절이라고 해놓고는 나는 팬티뿐만 아니라 브라자까지도 벗을 수 있다고 외치고 싶은 걸까요. 호기심을 자극하는, 지적인 대화를 통해 내 안에 감춰진 챠밍 포인트를 은근하게 드러내고 싶은데, 제 입버둥은 왜 자꾸 천박한 농담들만 쏟아내는 걸까요. 정말이지 박수칠 때 떠나야 하는데 말이에요.

과거에도 현재도 항상 제 꿈은 작고 옹골찬 사람

입니다. 잘빠진 멋진 몸매에, 빨간 옷을 입고, 새콤달콤한 향기를 풍기며, 다음 주는 케첩이 될 예정이고, 다음 달은 카프레제가 될 예정이며, 추후엔 미슐랭가이드 쓰리스타 파인 다이닝 레스토랑에서 단독 메뉴로서 데뷔까지도 노리는, 앞으로 인생 커리큘럼이 빽빽하게 잘 짜여 있는, 그런 사람이요.

저는 종아리까지 내려오는 회색 펜슬스커트 아래, 5000년 동안 한 번도 벗은 적 없지만, 구멍 하나 나지 않았다는 도깨비 팬티와 같은 튼튼한 소재의 섹시한 빨간 팬티를 남몰래 입고, 얇은 굽이 달린 구두를 신고도 뚜벅뚜벅 잘 걷는 사람이고 싶습니다. 하지만 저는 여기저기 팬티를 벗어두고 도망치느라 비싼 팬티 대신 2000원짜리 싸구려 시장 팬티를 10개 한 묶음으로 사고, 왜인지 아무도 건들지 않은 제 팬티는 매번 금방 고무줄이 늘어나고 여기저기 구멍이 숭숭 나버리고 맙니다.

미쓰에이 선생님들처럼 나는 너 없이도 잘 산다고. 그러니 자신이 없으면 내 곁에 오지를 말라고 도도하게 외치고 싶지만 저는 노래방만 가면 발라드는 '김조한 씨의 사랑에 빠지고 싶다'를, 팝송은 '레이철 야마가타 씨의 Be Be Your Love'를 열창

해버리기 때문일까요. 같이 사는 언니는 아침 5시에 일어나 바지런히 출근 준비를 합니다. 6시가 되면 지하철에 올라타 한 시간 반 동안 핸드폰으로 영어 번역 부업을 합니다. 7시 반에 직장에 도착하여 9시 출근 시간이 되기 전까지 계속합니다. 9시부터 18시까지는 주어진 업무를 성실하게 해냅니다. 18시가 되면 언니는 다시 1시간 반 동안 지하철을 타고 동네에 돌아옵니다. 동네에 도착한 언니는 업무 스트레스를 해소하기 위해 댄스학원에 가 힙합 춤을 추거나 미디 작곡 수업에 가 노래를 만듭니다. 언니는 '갓생 살자'도 '비혼 힘춰'도 아니지만, 누군가에게 구속받는 것도 싫고 시간을 투자하기도 아깝기에 연애할 생각이 전혀 없다고 합니다. 연애한 지 십 년도 더 넘었다고 하는데 말이죠. 언니는 저와 함께 살게 된 지 반년이 지나는 동안 집에 친구를 데려온 적도 단 한 번도 없습니다. 지금 당장 내 곁에 함께하는 사람들에게 충실하게 사는 것이면 충분하다고 합니다.

언니가 피터팬에 올라온 동거인 구인 글을 보고 우리 집으로 찾아왔을 때 저는 9to6를 해내는 훌륭한 사회초년생으로서 언니에게 모종의 동질감과 함께 '갓생인'들끼리 꾸려갈 건강한 삶에 대한 기대를 품게 되었습니다. '정신과 질병을 앓을 순 있지만, 같은 집에 사는 식구에게 해소해서는 안 되며, 매일 서로에게 다정한 안부를 묻고, 종종 건강한 식재료로 함께 저녁 식사를 할 수 있는 긴밀하지만 느슨한 관계를 지향한다'라는 동거인과 나의 선언에 언니는 바로 제 계좌에 첫 달치 월세와 관리비를 꽂아주었습니다. 그리고 언니의 입주 2주일 전, 저는 오랜 시간 당뇨병을 앓고 계신 아버지에게 신장 투석이라는 무시무시한 상황을 살짝 덧입혀 회사에 퇴사를 고했습니다. 정말이지 저는 '갓생'을 기대했는데 말이죠.

퇴사 당일, 상반기 평가를 빌미로 벌어진 퇴근 시간 2시간 전부터 시작된 회식 자리에서는 퇴근 시간이 한참 지나도 제 퇴사 이야기는 나오지 않았고, 끝날 기미가 없는 자화자찬을 듣다 지친 저는, 나를 돌아보지 않는 사람들에게 짧은 인사를 전하고 자리를 빠져나왔습니다.

텅 빈 사무실에서 바리바리 짐을 챙기는데 어쩐지 서러운 마음이 들어 정수기 위 값비싼 프랑스산 꿀차 티백 한 움큼과 사물함 안 낡은 가위와 잉크가 말랐는지 안 말랐는지 알 수 없는 필기구도 한 줌

집어 가방에 집어넣었지요. 저는 평소 바리바리스타 타입도 아닌데 말이에요.

그러고는 집으로 돌아와 퇴사 기념으로 조촐하게 떡볶이에 소주를 마셨습니다. 다이어트 이후 겨우 만든 정상체중의 몸으로 입사해 겨우 3달 만에 경도비만의 몸으로 회사를 나오던 순간까지도 양심상 입에도 대지 않던 떡볶이인데, 그날만은 그렇게 땡기더군요.

홀로 떡볶이를 안주로 소주를 마시며 한심한 유튜버들의 한심한 영상을 보며 한심한 시간을 보내던 중 핸드폰에 한 통의 전화가 도착했습니다.

이제 입사한 지 한 달이 채 안 된 신입직원이었지요. 그녀는 울고 있었습니다. 어떻게 인주씨를 이런 식으로 보낼 수 있냐고, 인주씨한테 이러면 안 되는 거 아니냐며 성을 내고 있었습니다. 곧이어 몇몇 다른 신입 직원들에게도 한통씩 연락이 도착했고 몇 시간 뒤 갖가지 핑계로 회식 자리를 빠져나온 그들은 우리 집에 모여들었습니다.

그리고 전, 내게 지독히도 냉담하게 굴던 회사에 질식당해 3개월 만에 첫 사회생활을 날려 먹은 날,

날 위해 울어준 사람들을 위해 광대를 자처했습니다. 상사들의 말투, 제스쳐, 성격적 결함을 낱낱이 까발리고, 이렇게 된 내 처지를 비관하며 '인주 표 스탠드업 코메디 - 얼렁뚱땅 신입사원' 편을 맘껏 펼쳐 보인 것이지요. 장장 세시간 가깝게 최선을 다해 펼쳐진 공연 끝에 눈물 흘리며 모여들었던 사람들은 엉덩이에 뿔이 난 채 집으로 돌아갔습니다.

그들이 돌아간 뒤 무서우리만큼 적막한 방안에서 어지럽혀진 테이블을 정리하던 중 순간, 텅 빈 배달용기에 남은 빨간 기름 자국 위로 눈물이 툭툭 떨어졌습니다.

관객이 있을 땐 맘껏 가지고 놀던 개그 소재들이 홀로 남게 되자 현실이라는 무게를 가지고 제 방을 꽉꽉 메워버려, 어떻게 숨 쉬어야 할지, 어떻게 말해야 할지 전부 잊게 되었으니까요. 혼자 남은 방안에서 저는 그저 입을 뻐끔거리며 눈물을 흘리는 일 외에는 할 수 있는 것이 없었습니다.

네 저는 이런 사람입니다. 하고 싶은 말을 맘껏 하라고 했을 때 서점 매대 한쪽을 꽉 메운 곰돌이 푸 그림의 힐링 서적에 나오는 '사람들과 있을 때 나와 혼자 남았을 때 내 모습이 다르게 느껴져서 어색한 당신!', '사람들 사이에서도 외로움을 느끼는 당신!'이라는 누구에게 말해도 들어맞는 설명을, 길고 길게 풀어서 설명하는 사람. 누구보다 특별해지고 싶었지만 특별해지고 싶다는 욕망을 감추지 못해 특별해질 수 없는 사람. 그 사람이 바로 접니다.

언젠가는 내가 왜 이런 사람이 되었는가에 대해 고민하던 때도 있었습니다. 이렇게 사느니 어린 나와 함께 베란다에 뛰어들고 싶다던 엄마, 고도비만 몸으로 남녀공학 학교에서 살아남기 위해 선택했던 뚱뚱하고 털털한 웃긴 여자애 역할 롤플레잉, 뚱뚱하고 못난 나에게 성욕을 느끼는 성인 남성들을 보며 뼈에 새긴 '산삼보다 고삼', 대학 등록금을 명목으로 자신의 사업자금을 대출 받게 시키던 아빠. 차마 언급하기조차 민망한 사건도 많지만, 모두 '가정불화', '빈곤', '학교폭력', '외모콤플렉스', '대인관계에서 어려움' 정도로 요약할 수 있더군요. 참으로 진부한 키워드입니다.

'한국에서 태어나 산다는데 어떤 의미를 두고 있냐'는 질문에 구구절절 답하지 않을 대한민국 국민이 어디 있으며, 저와 같은 불행 서사 하나 없이 살아가는 'K한녀'가 얼마나 되겠습니까. 서로 생긴 모습은 달라도 우리는 모두 'K한녀' 아니겠습니까.

아무튼 저는 '나는 왜 이런 사람이 되었는가'에 대한 질문에 '다들 비슷한 거 아니겠냐'는 싱거운 결론을 내게 되었습니다. 그러니까 죽고 싶지만, 떡볶이도 먹고 싶고, 자존감 수업도 듣고 싶고, 그런 거 아니겠어요? K한녀 여러분, 나는 아니라고, 나는 그런 거 관심 없다고 말하고 싶으신가요. 그냥 눈치껏 조용히 해주십쇼. 이곳의 MC는 저 MC·인주니까요.

이렇게 외롭다고 구구절절 외쳤지만 사실 제 카톡방에는 과거 근무했던 회사의 신입직원들 단체 톡방, 언젠가 다음에 보자고 인사를 나누고 영영 만나지 않은 사람들, 못 본 지 한참이나 됐지만 내 생각이 난다며 찾아준 초등학교 친구, 옛날 옛적 사라진 책 모임에서 도착한 카톡 들이 켜켜이 쌓여있고, 인스타그램에 사진을 올릴 때마다 얼굴 한번 보자는 친구들의 메시지가 도착하곤 하지만 확인을 누르진 않습니다. 그렇게 외로우면 답장이나 하고 얼굴이나 한 번 보면 될 것을. 누구든 만난다면 꼬리를 프로

펠러처럼 펄럭이며 M.I.C를 잡아 들 텐데 혼자 있을 때는 도도하게 눈이나 껌뻑거리게 되네요. 다들 비슷한 거 아니겠어요? 정말이지 저는 광대 같은 것은 그만두고 싶은데, 제가 광대를 그만두면 누가 저를 웃겨줄까요.

나오는 대로 지껄이다 보니 벌써 시간이 이렇게 돼버리고 말았네요. 마지막 문장으로 점찍어둔 가사가 있었는데 전혀 딴 길로 새버려서 아깝게 되었습니다. 그래도 소신 있게 외쳐볼게요.

"빠 빨간 맛. 궁금해 허니. 깨물면 점점 녹아드는 스트로베리 그 맛."

여러분 모두와 친구가 되고 싶은 인주였습니다. 감사합니다.

햇님은 쨍쨍 유리창은 반짝

> wjdgotsla : 남편이든 딸내미든 정씨 집안이라면 신물이 나요.
> 어쨌든 딸내미도 그 인간 핏줄이니까요.

 학교 수업이 일찍 끝난 어느 평일, 유리창 위로 쏟아진 저녁노을이 텅 빈 거실을 붉게 물들인 오후, 거실 창 왼쪽 아래 모서리 끝에 금이 간 부분이 반짝인다. 엄마와 아빠의 냉전이 시작된 지 두 달이 지난 오월이었다. 학교도 일찍 끝나고, 학원 수업도 없던 나는 중학교에 입학할 때 한 두 치수는 넉넉하게 샀지만 일 년 만에 단추를 채우지 못하게 된 교복을 벗어 던지고, 컴퓨터 책상 앞으로 향해 모니터에 달린 전원 버튼을 딸깍 누른다. 컴퓨터 화면에는 아이디 'wjdgotsla'로 로그인된 사이트 창이 떠 있었다.

wjdgotsla 한글 타자로 치면 정햇님.
그 무렵 엄마가 가입한 모든 사이트 아이디는 정햇님, 내 태명이었다.

자신에게서 영양분을 공급받고 자신 안에서만 살아 숨쉬던 분신에게조차 무심결에 남편 성을 붙여 넣고, 엄마는 인터넷 세상에서 이제 더 이상 존재하지 않기에 무궁무진한 가능성을 품고 있는 '정햇님'으로 자신을 호칭했다.

엄마는 내가 편안히 누워 있거나, 음식을 맛있게 먹거나, 학원을 마치고 텔레비전 앞에 앉아 멍을 때리고 있을 때 등, 시도 때도 없이 엄마 눈에 빵빵한 내 얼굴이 거슬릴 때마다 한탄하듯 '햇님'이란 태명과 익숙한 레퍼토리를 쏟아냈다.
"엄마가 태명을 '달님'이나 '별님'으로 지을 걸

하필 제일 커다란 '햇님'으로 지어서 네 얼굴이 그렇게 빵빵한 것 같아. 다시 너를 꼬깃꼬깃 접어 엄마 뱃속으로 넣고 싶어. 다시 하면, 정말 날씬하고 예쁜 딸로 키울 수 있을 것 같은데."

엄마는 질리지도 않는지 같은 내용의 한탄을 때론 유쾌한 농담처럼, 때론 사뭇 진지한 비밀처럼 이야기했다. 공통점이 있다면 언제나 처음 밝히는 이야기처럼 그 지겨운 이야기를 요약하지도 않고 같은 레퍼토리를 처음부터 끝까지 똑같이 반복했다는 점이었다.

엄마는 자신과 분리되지 않은, 제 자궁에 머물러 아무 말도 하지 않는, 조용하던 분신을 그리워했다. 엄마 배를 찢고 나와 무럭무럭 성장해버린 나는 너무 거대했다.

유치원 시절, 내가 매일 듣던 칭찬은 '먹는 입이 어쩜 저리 예쁠까'였다. 밥 한술 삼키게 하는 것이 대단하게 기특한 일이던 다른 아이들과 달리 나는 항상 모든 식사를 마칠 때까지 자리에서 일어나지 않았다. 엄마는 먹는 입이 가장 예쁜 나를 먹지 않을 때도 가장 예쁜 어린이로 만들고 싶었다.

그래서 엄마는 딸에게 뾰족한 앞코의 카우보이 부츠와 멋스러운 청자켓을 입혔다. 주위 사람들이 만류하던 최신 유행 스타일 베이비 펌도 시켰다.

엄마의 노력 덕분에 그 시절 나는 길가를 지나는 어른들이 한 번씩은 돌아보게 만드는 세련된 어린이였고 엄마는 미치도록 깜찍하고 사랑스러운 분신을 자랑스러워했다.

초등학교에 들어갈 무렵 '어쩜 저리 예쁘던' 딸의 '먹는 입'은 먹어도 먹어도 너무 많이 먹기 시작했다. 소아비만을 거쳐 고도비만 청소년으로 성장한 딸은 더 이상 깜찍하지 않았다. 엄마는 예쁘고 어린 여자를 볼 때마다 그런 여자가 되고 싶다는 생각보다 그이의 엄마가 되고 싶다는 생각을 자주 했다. 미용실 원장님으로 트렌드에 발 빠르게 반응했던 경험을 살려, 누구보다 세련되게 딸을 키워낼 자신이 있었다. 보수적인 다른 부모들과 다르게 열려있고 말이 통하는 친구 같은 엄마가 되고 싶어 주사에 벌벌 떠는 어린 딸에게 네가 성장하면 꼭 쌍꺼풀 수술과 코 수술도 해주겠노라 약속했었다. 다른 여느 부모와 다르게 아이가 중학교에 들어가 교복을 입게 되면 몸에 딱 맞는 블라우스를 사주고 펑퍼짐한 치마를 예쁘고 타이트한 H라인 스커트로 줄여줄 생각이었다. 하지만 딸은 교복을 줄이기는 커녕, 기성 크기 교복이 맞지 않아 큰 사이즈를 따로 주문해야 했다. 어린 시절부터 앞코가 작은 구두를 신은 탓에 엄지가 안으로 휘는 무지 외반증을 얻어 학교 모든 학생이 단정한 학생 구두를 또각거리며 걸어 다닐 때 유일하게 후줄근한 운동화를 신고 등교할 수 있는 허가증을 들고 학교에 다녔다. 이것은 엄연한 배신이었다.

엄마는 정성과 열정을 쏟은 피조물이 망가진 모습을 한탄하며 모든 것이 잘못되기 이전, 아직 빚어내기 전, 태초의 피조물을 그리워했다.

*

wjdgotsla 아이디로 로그인된 화면을 하나하나 클릭한다. 그리고 마침내 가입한 카페 목록에서 '바람난 남편을 둔 여자들의 카페'를 발견한다. 한 치 꾸밈없는 적나라한 이름이다.

제목: 뻔뻔한 그놈에게 진심으로 살인충동을 느낍니다.
글쓴이: 북한산그아래

〈댓글〉
wjdgotsla: 진심으로 공감합니다. 참 사는 게 뭔지... 지금까지 집안 식구 뒷바라지하며... 소소하게 담소나 즐기고 맛있는 식사나 하는 것이... 보잘것없는 내 인생의 작은 행복이라 믿었는데... 이마저도 무참히 박살 나니 더 이상 어떻게 살아가야 할지...
죄없는 딸내미도 볼 때마다 괜히 밉네요.
남편이든 딸내미든 정씨 집안이라면 신물이 나요.
어쨌든 딸내미도 그 인간 핏줄이니까요!.

제 자궁 안에서 살아 숨쉬는 분신에게도 '정'이라는 남편 성을 가져다 붙인 엄마가, 존재하지 않던 시절의 내 이름을 달고, 내가 '정'씨라는 이유로 원망하고 있었다.

*

내게 '정'씨를 물려준 아빠는, 키 183cm에 몸무게 120kg이라는 어마어마한 거구였다. 외할머니가 엄마에게 아빠가 잘 때 몰래 바늘로 정서방 몸을 찔러

보라고, 저 몸뚱이를 채운 바람이 푸쉭하고 빠져나 갈 것이라고 진지하게 말하던 아빠의 몸은, 출렁거리는 지방 덩어리보다 빵빵하게 부푼 풍선에 가까웠다.

아빠의 거대한 몸은 온갖 병을 휩쓸고 왔고, 지병 중 하나인 당뇨로 매일매일 썩어가는 발은 몸무게를 지탱하지 못해 조금만 걸어도 염증이 재발했다. 아빠는 걷지 않았고 몸은 해마다 더 거대해져 마침내 등을 스스로 만질 수조차 없는 지경에 다다르게 되었다.

그런 아빠를 위해 엄마는 아빠의 샤워 시간마다 함께 화장실에 들어가 등을 닦아주었다. 등을 다 닦으면 팬티와 런닝을 접어 화장실 문 앞에 두었다. 샤워가 마친 아빠가 팬티차림으로 소파에 털썩 앉으면 엄마는 소독약과 거즈, 의료용 붕대가 든 통을 가지고 와 썩어 들어가는 아빠의 발을 소독하고 발톱을 또각또각 깎아낸 뒤 양말을 신겼다. 양말을 신긴 뒤에는 다리를 바지에 밀어 넣었고 셔츠에 팔을 끼워 넣었다. 엄마 없이 아빠가 하는 일은 둔한 손으로 고작 셔츠 단추를 채우는 것뿐이었다.

준비를 마친 아빠가 출근하면 엄마는 냉장고에서 배달 용기를 꺼내 전자레인지에 돌리고 출근 준비를 시작했다. 내가 데워진 찜닭을 꺼내 먹는 사이 준비를 마친 엄마는 핸드폰이 든 크로스백과 청소용품이 든 종이봉투를 챙겨 집 밖으로 나섰다.

*

엄마가 새로 구한 일자리는 우리 집이 위치한 빌라촌에서 자전거로 20분 거리에 있는 역 근처 아파트 단지에서 홀로 사는 30대 여의사의 집이었다. 엄마는 그녀가 출근하고 텅 빈 집을 찾아가 정오부터 저녁 5시까지 청소기를 돌리고, 화장실을 청소하고, 냉장고를 비웠다.

엄마 말을 종합해보면, 당시 엄마의 고용주였던 그녀는 모두가 머릿속에 '전문직 여성'하면 떠오르는 상투적인 이미지와 정확히 일치했다. 아파트 단지 내 상가에서 소아청소년과를 운영 중인 그녀는 돈이 넘치도록 쌓였지만, 쌓여가는 돈을 쓸 틈 없이 바빴다. 20억이 훌쩍 넘는 그녀 집 내부 풍경 또한 시시할 정도로 뻔했다. 그녀의 거실과 안방은 최신

가전제품과 고급 브랜드 가구들로 가득 차 그녀의 능력을 드러냈다. 그녀의 드레스룸에 쌓여 있는 포장도 뜯지 않은 명품 브랜드 박스들과, 냉장고를 차지한 각종 배달 용기들은 눈코 뜰 새 없이 바쁜 그녀의 일과를 드러내고 있었다.

 엄마의 업무는 그녀가 없는 동안 대리석 바닥을 윤이 나게 닦고, 바닥에 흩어진 옷을 드럼세탁기와 건조기에 차례로 넣고, 가게에서 처음 배달되었을 때 모습 그대로 냉장고에 방치된 배달 음식과 그녀가 질린 옷이나 속옷, 화장품 따위들을 치우는 일이었다. 덕분에 나는 아빠의 당뇨를 고려해 밍밍하게 끓여진 된장찌개 대신, 땅콩이 뿌려진 팟타이와 매콤한 청양고추가 가미된 순살 찜닭을 먹은 뒤, 비비안 브래지어 위에 교복 셔츠를 입고 샤넬 아이섀도, 디올 팩트, 입생로랑 립스틱을 챙겨 학교로 갈 수 있었다.

 나는 그녀가 버린 것들을 먹고 입으며 무엇이든 버릴 수 있는 그녀의 삶을 동경했다. 퇴근 후 녹초가 된 몸으로 사십 평대 아파트에 들어서 샤넬 원피스와 에르메스 가방을 내던지고 해스탠스 침대 위에 몸을 내던져 버리는 삶. 최소 주문 금액 앞에서 컵라면으로 초라한 한 끼를 겨우 때우는 대신, 이인분의 요리를 배달시키고 남은 일인분은 미련 없이 버리는 삶. 가끔 있는 휴일엔 압구정 갤러리아로 가 명품 가방을 잔뜩 사고, 방에 던져둔 채 열어보지도 않아도 아무런 문제가 되지 않는 삶. 침대 밑에 어떤 명품이 처박혀 있는지도 모르고, 그것들이 없어져도 아무런 타격도 받지 않는 삶.

하지만 엄마는 그런 그녀의 삶을 안쓰러워했다.
엄마는 텅 빈 그녀의 냉장고와 쌓여있는 명품 상자가 내면의 공허함을 드러낸다고 믿었다. 엄마는 그녀가 버려달라는 배달 음식을 종이봉투에 챙기면서도, 그녀가 요청한 적도 없는 어묵무침이나 장조림 같은 것이 든 반찬통을 냉장고에 넣어두었다. 그녀가 버린 배달 음식으로 자식의 끼니를 때우면서도 그녀를 걱정하는 엄마는 지나칠 정도로 상투적이었다.
"돈이 많다고 행복한 건 아닌 것 같아. 식구들이랑 밥해 먹고, 얘기하고 이런 게 행복이지."
'맘씨 따뜻한 가정부'에 잔뜩 이입한 엄마는 그렇게 믿었다.

'집주인을 보면 못 본 척 도망 가라',

'집으로 오는 우편물은 무조건 받지 마' 라고 배운, 이 드라마의 엑스트라조차 될 수 없었던 나는, 친구들이 화려한 명품 화장품을 보며 동경의 눈빛을 보낼 때마다 해당 드라마를 당장이라도 불매하고 싶은 심정이었다.

모두가 그렇듯, 엄마도 한 때는 드라마의 주인공이었다. 엄마의 드라마는 미용실 시다로 시작해 갖은 수모를 겪고, 결국 스무 명 가량의 직원을 먹여 살리던 헤어 쌀롱 원장으로 멋지게 성공하는 것으로 절정을 찍은 뒤, 쌀롱 앞 마트 사장이었던 8살 연상 애인이 추후 근사한 쌀롱을 새로 차려주겠다는 약속으로 시즌 2를 기약하며 결혼하는 것으로 막을 내렸다.

그 뒤 십팔 년 동안 시즌 2는 없었다. 아이를 임신해 가게를 접고, 남은 보증금과 수중에 가진 돈을 남편의 사업자금으로 모두 바쳤다. 남편의 '이번은 진짜'라는 말이 수도 없이 반복되는 동안 돈은 모자랐고 딸은 자라났다.

법원에서 도착한 우편을 받은 딸을 혼내야 했고,

냉장고 같은 가전제품부터 딸의 크리스마스 선물로 샀던 십만 원짜리 싸구려 전자 피아노까지 곳곳에 붙은 빨간 딱지를 딸과 함께 떼어 내야 했다. 미용실 아르바이트라도 하고 싶었다. 하지만 곧 죽어도 집밥을 고집하는 남편의 출퇴근 시간을 맞춰 밥을 차리려면 근무 시간이 긴 미용실 아르바이트는 할 수 없었다.

엄마의 시즌 1이 남긴 것은 집 화장실에서 엄마가 잘라준, 단정한 내 칼 단발 머리뿐이었다.

내게 매번 아빠에 대한 저급한 욕을 내뱉으면서, 내가 한마디라도 거들면 아빠한테 못 하는 소리가 없다며 화를 내는 엄마를 이해할 수 없었다.

다음 생엔 죽어도 아빠랑 만나고 싶지 않다면서, 이번 생은 이렇게 엮여버린 이상, 책임져야지 어쩌겠냐고 말하는 엄마를 이해할 수 없었다.

아빠에 대한 분노를 쏟아내면서 아빠는 좋은 남편이 아니지만 나쁜 아버지는 아니다 말하는 엄마를 이해할 수 없었다.

내가 이해하든 이해하지 못하든, 엄마가 깎은 배를 집어 먹는 아빠 곁에서 엄마는 텔레비전을 보며 웃었다.

평소와 같이 퇴근한 엄마가 냉장고에 배달 용기를 집어넣을 무렵 집 전화기로 한 통의 전화가 왔다. 그날 밤 엄마는 제 손으로 직접 차린 아빠의 술상 위 맥주잔을 집어 들어 거실 창문을 향해 내던졌다. 바닥에 흩어진 유리 파편이 반짝였다.

 그토록 기다리던 엄마의 시즌 2는 사랑과 전쟁으로 돌아왔다.

*

 아빠의 외도가 이번이 처음은 아니었다.

 내가 유치원에 다니던 때. 극장에서 애국가가 흘러나오던 때 이후로는 극장을 가본 적이 없다던 아빠의 차에 아빠와 함께 본 영화 티켓을 두고 내린 여자가 있었다.

 내가 초등학교에 막 입학했을 때, 아빠가 입원한 병실에서 내가 오독오독 씹어 먹었던 쥐포 과자를 두고 간 여자가 있었다.

 내가 초등학교 5학년 때, 월세를 못 내 외가댁에 얹혀살던 시절, 눈병이 난 나를 아빠가 안과를 데려갔던 날. 아빠에게 아직도 딸이랑 있냐는 문자를 보낸 여자가 있었다.

그동안 수많은 여자가 있었다. 하지만, 집 전화로 전화를 걸어 대체 언제 아빠와 이혼해줄 것이냐며 고래고래 소리를 지르던 여자는 없었다. 구질구질한 엄마의 행색을 비꼬며 자신이 아빠에게 지금껏 받은 명품 가방과, 선글라스를 자랑하는 여자는 없었다. 사람을 붙여 딸의 학교와 반 번호 이름을 알아내 협박하는 여자는 없었다.

'남자가 그럴 수도 있다. 남자라는 게 다 그런 거 아니겠냐'고 하던 엄마가 밥을 차리지 않고 밤늦게까지 집에 들어오지 않는 나날들이 이어졌다. 나와 아빠는 저녁마다 집 근처 국밥집에서 만나 말없이 순대국밥을 먹고 함께 집으로 돌아왔다. 내가 엄마 대신 술상을 차리고 방에 돌아오면 거실에서 씨팔 저팔 거리는 아빠의 혼잣말이 들려왔다.

그러다 보면, 엄마가 돌아왔다. 내가 틴트만 발라도 천박해 보인다던 엄마는 새빨간 립스틱을 입술에 짙게 바른 채 뻘게진 얼굴로 비틀거리며 방으로 들어갔다. 매일 아빠의 술상을 차리면서도, 정작 술은 입에도 대지 않던 엄마에게서 술 냄새가 났다.

술을 마시는 것이 고통을 증명해 주는 것이라면

중학생인 나는 대체 어떤 것으로 증명해야 할까. 친구들과 놀 때는 대범하면서도, 막상 대단한 일탈을 저지르기엔 부끄러움이 많아 억울했다.

*

학교를 마치고 돌아오면, 아빠가 퇴근하기 전, 거실에서 종종 엄마와 만날 수 있었다.

어떤 날 엄마는 내게 우리 딸은 엄마랑 살자. 엄마가 미안하다며 울었고.
어떤 날 엄마는 니 년은 니 아빠랑 살아라. 너희 집안이라면 지긋지긋하다고 소리쳤다.
엄마가 나가고 아빠가 돌아오면 아빠는 내가 차린 술상에 앉아 큰 소리로 나를 불러냈다.
어떤 날 아빠는 밥은 먹었냐며 다정하게 내 안부를 물었고.
어떤 날 아빠는 너는 왜 엄마와 아빠 사이에서 아무것도 하지 않냐고 소리쳤다.

어떤 날 나는 소리치며 항변했고, 어떤 날 나는 침묵했으나, 모든 날 나는 괴로웠다.

학원을 마치면 친구들과 집앞 편의점에서 편의점 즉석 떡볶이를 안주로 사이다를 곁들여 마셨다. 씨팔롬 저팔롬하는 저속한 욕설을 내뱉으며 처지를 한탄하면, 할 말 없는 친구들은 너희 아버지 왜 그러시냐고 한마디씩 거든 뒤 사이다를 마셨다. 그렇게 사이다를 마시고 트림을 꺽꺽 하기를 반복하면 친구들의 핸드폰이 울렸다. 친구들을 따라 자리를 일어서, 자정이 넘은 시간 집으로 돌아왔다. 집은 어두웠고 적막했다. 거실 형광등을 켜자 아침에 등교할 때 본 풍경 그대로였다. 무슨 일이 벌어진 것이 분명했다. 나는 침대 위에 누워 핸드폰을 켜고 화면을 내렸다. 온몸으로 느껴지는 실감을 외면하기 위해 온 맘을 다해 만화를 보았다.

새벽 두 세시 무렵 도어락 소리가 울리고 엄마와 아빠가 함께 현관에 들어섰다.
아빠의 탄식과 엄마의 탄식이 제각기 다른 타이밍에 현관에서 흘러나왔다. 엄마는 울었고, 아빠는 한숨과 함께 입을 열었다.

"당신 여태까지 거기서 그러고 있었던 거야?"

제목: 남편놈에게 복수하는 방법이 뭐가 있을까요.
글쓴이: 장미꽃 필 무렵

〈댓글〉
wjdgotsla: 저두 잘 모르겠지만, 전 요즘 빨간 루주에 최대한 야시
시한 옷을 입고 최대한 꾸민 뒤 보란듯 밤늦게 나갑니
다. 남편새끼,,, 얼굴이 벌개져서 길길이 날뛰더군요..
지는 하면서도 저는 못할 줄 알았나보죠. 남편새끼
열 받게 하는 데는 이게 직빵인 것 같아요. 남편에게
자식에게 발 묶여 희생하던 지난날이 통탄스럽습니다.

  퇴근한 아빠는 저녁 메뉴를 고민했다. 내가 학원에 가는 날이라 밥을 혼자 해결해야 했지만 아무래도 식당에서 혼자 밥을 먹기엔 자존심이 허락하지 않은 모양이다. 횡단보도에서 파는 전기구이 통닭은 질렸던 아빠는 집으로 향하는 골목을 걸으며 주위를 살펴보았다. 아무래도 당기는 음식이 없었다. 하는 수 없이 짜장면이나 시켜 먹어야겠다고 생각하던 와중 아빠의 코끝에 어디서 군침 도는 메케한 불 냄새가 와 닿았다. 숯불구이 꼬칫집이었다.

저렴한 데다 식어도 먹을 만하고, 양도 많지 않아 남길 일도 없는 것이 적당했다. 아빠는 곧장 꼬치집으로 향했다. 꼬치집은 내부에 자리가 좁아 날이 풀리면 거리에 파란색 싸구려 플라스틱 의자와 테이블을 펼쳐두고 장사를 했다. 특별한 맛은 아니었지만 이삼천 원의 저렴한 가격 덕분에 카페가 부담스러운 청소년부터 간단하게 맥주 한잔할 곳이 필요한 성인들까지 언제나 동네 주민들이 삼삼오오 모여들어 문전성시를 이뤘다. 그날도 그랬다. 아빠가 얼굴이 시뻘게진 중년들과 교복을 입은 학생들 틈에 겨우 자리를 잡고 앉자 눈가에 주름이 진 서글서글한 인상을 가진 사장이 다가왔다.

"닭똥집 꼬치랑 파닭 꼬치, 맥주 오백 씨씨 하나."
'주세요' 하다못해 '주쇼'와 같은 서술어도 붙이지 않는다. 별 이유는 없다. 그 나이대 예의 없는 중년 남성들에게 '개저씨'라는 멸칭이 붙은 데에는, 아빠도 크게 한 몫했을 거라고 자부한다. 주인이 돌아가자 아빠는 핸드폰을 켜 메시지 창으로 들어가 화면을 살펴봤다.

이 이사, 김 사장, 정 총무, 그리고 010으로 시작되는 저장되지 않은 번호.

야 니 마누라랑 이혼.... 〈더 보기〉

아빠는 더 보기를 클릭하는 대신 화면을 끄고 한숨을 내쉬었다. '아이 시팔, 어디서 유정란을 부화시켜 오나 왜 이렇게 안 나와.' 한 소리 해야겠다고 생각한 순간 테이블 위로 플라스틱 접시와 맥주잔이 거칠게 놓였다. 넘친 맥주가 테이블 위로 흘렀다.

"이게 진짜"
고개를 들자. 그곳에 그녀가 서 있었다. 엄마였다.
새빨간 루주와 야한 옷차림 위로 앞치마를 맨 엄마에게서 매콤한 양념 냄새가 났다.

*

'바람난 남편을 둔 여자들의 카페'의 아이디 wjdgotsla씨가 말하던 야시시한 옷차림은, 스팽글이 달린 까만 나시와 살이 비치는 가디건이었다.

아, 새빨간 립스틱도 빠질 수 없지. 지나가는 이들은 신경도 쓰지 않을 평범한 50대 중년 여성의 차림새를 wjdgotsla씨는 세상 치명적이고 관능적인 복장이라고 믿고 있었다. 그리고, 치명적인 그 차림새로 닭꼬치를 굽고 있었다.

 꼬치집에서 아빠를 마주친 순간 엄마는 어떤 표정을 하고 있었을까.

 가게가 문을 닫을 무렵. 아빠는 꼬치를 포장 주문하였고 인심 좋은 사장님은 가게 직원의 남편에게 서비스로 두 꼬치를 얹어줬다. 아이디 wjdgotsla씨의 비밀스러운 일탈은 알류미늄 포일에 쌓인 꼬치들과 함께 그렇게 볼품없이, 초라하게 끝났다.

 수치스러웠다. 엄마가 아닌 wjdgotsla씨와 남편 정 씨의 딸, 정햇님이 수치스러웠다.
 '최대한 야시시한 옷을 입고 최대한 꾸민 뒤 보란 듯 밤늦게 나가는 것이 최고의 복수'라 다른 여자에게 조언하던 wjdgotsla의 현실이 고작 꼬치집 야간 아르바이트라는 사실을 믿고 싶지 않았다. 이왕 사랑과 전쟁을 찍을 거면, 끝까지 가보지. 젊은 남자를 옆구리에 끼고 늙고 뚱뚱한 아빠 곁을 지나며 픔 비웃어주지. 나이트라도 가든가, 7080 라이브 클럽이라도 다니든가. 이유는 뻔했다. '제작비 부족'이겠지.

아빠의 사업을 위해 통장이고 명의고 죄다 아빠에게 가져다 바친 결과로 엄마는 신용불량자였다. 먹고 사는 꼬락서니가 쪽팔려 친구들과 연락도 끊었고, 외할머니에게 빌린 돈을 갚지 못해 절연을 당했다. 모든 걸 아빠에게 갖다 바친 결과, 엄마를 둘러싼 세상은 엄마를 믿지 않았고, 엄마의 유일한 희망이던 정씨 집안이 무너져 내린 순간. 엄마가 도망칠 곳은 없었다.

아무리 그래도, 생계를 위해 어쩔 수 없다면 옆동네 호프집이라도 다닐 것이지 왜 하필 집 앞 꼬치집인 건지 묻고 싶었지만, 꼬치집에서 아빠를 마주친순간 엄마는 어떤 표정을 하고 있었을까 싶은 질문이 떠오르면 입이 무거워졌다. 나에게는 어떤 자격도, 용기도 없었다.

그 뒤로 며칠 동안 식탁 위에는 마셔도 마셔도 마르지 않는 샘처럼, 먹어도 먹어도 솟아나는 닭꼬치가 있었다. 내가 할 수 있는 일은 식탁 위에 올려진 꼬치를 먹고, 엄마의 방문을 여는 대신 신고 있는 신발 앞코를 향해 '다녀오겠습니다' 작게 읊조린 뒤 집을 나서는 것뿐이었다.

매일 아침 닭꼬치를 하나씩 집어 먹는 것이 익숙해진 어느 날, 학교를 마치고 돌아와 문을 열자 보글보글 끓는 된장찌개 앞에 둘러 둘러앉아 식사하는 엄마 아빠가 있었다.

*

"뭐야?"
"이제 왔어? 어서 와서 앉아. 같이 먹어."
"이게 뭐냐고."
"엄마랑 아빠 화해했어."

 그게 끝이었다. 몇 달 동안 나를 괴롭힌 그 일은 그렇게 끝이 났다.
 나에겐 어떤 설명도, 사과도 없었다. 맥주잔이 산산조각이 나고, 창문을 깨졌을 때도, 엄마가 나간 뒤 아빠와 침묵 속에서 순대국밥을 입에 밀어 넣었을 때도, 엄마가 소리치고 아빠가 씨팔 저팔 거렸을 때도, 나는 알아서 듣고, 알아서 보고, 알아서 숨죽였다.

 "아니 이게 뭐 하는 건대. 이혼한다며. 이혼 안 해?

엄만 자존심도 없어? 저런 새끼랑 어떻게 사냐고."

막을 새도 없이 내 입에서 분노어린 말들이 쏟아져 나오자, 순식간에 얼굴이 시뻘게진 아빠가 숟가락으로 나를 겨냥하고 입을 벌린다.

그 순간, 아빠가 아닌 엄마가 자리에서 일어난다.

허옇게 마른 엄마의 입술이 갈라져 있다.

"내가 용서한다는데 왜 니가 지랄이야. 니가 니네 아빠 와이프야? 와이프인 내가 용서한다고. 이게 어디서 지 아빠한테 싸가지 없이. 니네 아빠가 나한텐 못했어도. 니한테 못 해준 게 뭔데?"

그 순간 어린 시절 기억들이 퍼뜩 떠올랐다. 언젠가 정씨 집안 선산에 갔을 때였다. 앞으로 살날이 창창한 우리 식구의 묫자리가 이미 정해져 있다고 했다. 정씨인 할아버지 자리 옆에 이씨인 할머니 자리가 있었다. 정씨인 아빠 자리 옆에 김씨인 엄마 자리가 있었다.

하지만 정씨 집안의 딸. 내 자리는 없었다.

왜 내 자리만 없냐 따져 물었다. 너는 시집가서 남편 집안 선산에 묻히라 그랬다. 시집가기 전에

죽으면 어떡하냐 물었다. 모두가 그저 말없이 미소만 지었다.

그렇기에, 말하고 싶었지만. 말할 수 없었다.

'내가 초등학교 이 학년 땐가 삼 학년 때니까 엄마가 500원이라도 더 싸게 사겠다고 30분 거리 대형마트까지 나를 데리고 걸어간 날. 엄마랑 짐을 하나씩 둘러메고 오는데. 내가 무겁다고. 택시 타자고 징징거려서. 엄마가 길거리에서 내 싸대기 갈겼잖아. 엄마는 엄마 처지 뻔히 알면서도 엄마를 돕진 못할망정 택시 타자 징징거리는 내가 아직도 밉다고 했지. 나는 엄마 처지를 그렇게 만든 아빠가 미워. 고지서가 무서워서. 사는 게 괴로워서. 엄마는 키 140이 겨우 넘는 딸에게 죄책감 느끼는 대신 딸을 원망했잖아. 이거 다 아빠 때문이잖아. 엄마를 종년 부리듯이 부리면서 엄마가 자기 똥 팬티 빠는 동안 아빠는 그년이랑 물고 빤 거. 엄마를 그렇게 초라하고 볼품없게 만든 거. 엄마에겐 나에 대한 원망을. 나에게는 엄마에 대한 원망을 심어준 거. 내가 엄마를 용서할 수 없게 만든 거.'

대신 사춘기 중학생 입에서 나온 말은

"씨발. 작작 좀 해."

그게 끝이었다. 참으로 반항하는 사춘기 청소년다운 대사였다.

*

현재 나는 자취 사 년 차 이다. 먹고살 만해진 아빠는 엄마와 나에게 각각 카드를 한 장씩을 쥐여 주었다.

아빠에게 카드를 하사받고, 드디어 쪼들리는 생활비의 압박에서 벗어난 엄마는 홈쇼핑에 푹 빠져 떡갈비 30팩이나, 돈가스 20팩 세트 같은 것을 자꾸 사들였다.

중년 둘이서 먹는 양이 얼마나 된다고. 먹는 속도가 구매하는 속도를 따라가지 못하니. 냉장고와 김치냉장고는 빈틈없이 쌓여갔고, 엄마는 이를 해결하기 위해 냉장고를 정리하는 대신, 냉동고를 추가로 구매하며 소비로 인해 생긴 공간 부족 문제를 소비로 해결했다.

냉동고 옆에는 '떨이몰'에서 한때 유통기한 임박으로 구매한 노니주스나, 수소 함유량이 많다는 물,

유산균, 오메가3 같은 물건들이 잔뜩 쌓여있다. 유통기한 임박으로 사서 유통기한이 이삼 년이 지나도록 그것들은 거기에 그대로 있다.

화장실에는 그새 살이 더 올라 변을 본 뒤 뒤처리가 어려운 아빠를 위해 비데가 설치되었고, 그 덕에 엄마가 아빠의 똥 팬티를 세탁할 일이 줄었다.

엄마의 하나뿐인 딸은 드디어 살을 뺐지만, 엄마의 꿈이던 날씬한 딸과 함께 쇼핑을 즐기기에 엄마는 늙었다.

이제는 알고 있다.

아빠의 똥 팬티는 엄마의 짓궂은 농담이 될 뿐이라는 것을. 다음 생에서는 절대 만나지 않겠다는 엄마의 한탄은 이번 생에는 아빠에게 충성을 다하겠다는 낭만적 세레나데라는 것을.

엄마는 아빠를 사랑한다.

나는 내 주머니에서 아빠의 신용카드를 꺼내 긁는다. 동정이든, 원망이든 때에 따라 다른 이름으로 불리지만 그것들은 모두 사랑이다.

✱

> 정햇님 : 정씨 집안이라면 신물이 나요.
> 어쨌든 나도 '정'햇님이니까요.

 텔레비전 앞에 앉은 엄마, 아빠, 딸. 발밑에 누워 하품하는 강아지. 부엌에서 끓고 있는 된장찌개 냄새. 텔레비전에서 흘러나오는 진부한 드라마. 멀리서 들려오는 어린아이 웃음소리. 창문 위로 쏟아지는 은은한 가로등 불빛.
 모든 것이 완벽한 풍경 속에, 유리창에 간 금이 반짝이는 모습을 바라보는 건 나뿐이었다.

가장 보통의 여자

 한 번쯤은 쓰러져 보고 싶었다. 눈앞이 핑 돌고 자리에서 털썩 주저앉아보고 싶었다. 그러려면 빈혈 같이 가벼운 질병 하나쯤은 앓아줘야겠지. 치마가 위로 말려 올라가지 않도록 다소곳하게 다리부터 풀썩 넘어져야 한다. 근육질 사내가 번쩍 들어 올릴 수 있을 만큼 가벼운 몸은 필수다. 이왕이면 그에게 업힐 때 치마 아래로 드러난 다리가 햇빛을 받아 희게 빛날 수 있도록 창백한 피부라면 좋겠다. 은은하게 풍기는 복숭아 향 살냄새까지 난다면 퍼펙트.

 하지만 남자친구는 지나치게 육중한 내 몸을 번쩍 들어줄 수 없었고, 나는 비만, 난시와 같이 부정적인 신체 특성이 있을 뿐 지나치게 건장했다.

아마도 그때 난, 여자가 되고 싶었던 것 같다. 몸에 달린 젖 두 쪽을 브래지어로 가리고 밋밋한 아랫도리 위에 리본이 달린 팬티를 입었음에도, 여자가 되기엔 모자란 것 같았다.

아침 여덟 시 2호선 지하철역, 구두를 또각거리며 어딘가로 향하는 이들을 지나쳐 그곳에 도착하자, 이미 나보다 먼저 도착한 이들이 길게 줄을 늘어서 있었다. 기나긴 침묵 속에서 이마에 흘러내린 땀줄기가 말라붙고, 서늘한 바람에 온몸이 떨려올 무렵 마침내 문이 열리고 지친 얼굴을 한 여자가 나왔다.
"지금 오신 분들은 오후 다섯 시 타임입니다. 삼십 분뒤에 신분증 들고 오세요."
장장 아홉 시간을 보내고, 시간에 맞춰 그곳으로 돌아갔음에도 대기실 소파에 앉아 한 시간을 넘는 시간을 기다려야 했다. 대기실에는 내 또래로 보이는 젊은 얼굴들과 내 부모뻘로 보이는 주름진 얼굴, 수능을 갓 마친 듯 보이는 앳된 얼굴들이 골고루 분포되어 있었다. 간혹 두세 명이 짝을 지어 앉아 있는 경우도 있긴 했지만, 나처럼 핸드폰 화면만을 보고 입을 꾹 다물고 있는 혼자 온 여자들이 대부분인 듯했다.

이곳에 없는 것은 딱 두 가지였다. 의사를 제외한 남자와 나를 제외한 뚱뚱한 여자.

내가 찾은 곳은 다이어트약 처방을 전문으로 하는 내과였다. 그곳은 아이러니하게도 다이어트약의 위험성에 관한 이야기가 널리 퍼진 이후, 그나마 부작용이 적고, 효과 좋은 다이어트약을 처방해주는 곳으로 소문이 나 전국 각지에서 사람들이 모여드는 곳이었다. 아침 9시에 진료가 시작이지만 새벽부터 대기 줄을 서고, 심지어 일찍부터 대기를 해 번호표를 미리 대신 받아주는 전문 알바까지 존재할 정도였으니까. 물론 해당 병원에서 약을 처방 받은 이후, 위장 장애가 생겼다거나, 극심한 어지럼증으로 일상생활이 불가했다는 후기 글들도 종종 보이긴 했다. 하지만 다른 곳에서 다이어트약을 오래 복용한 이후 내성이 생긴 이들이 이곳 약을 먹고 다시 효과를 보기 시작했다거나, 원래도 보통 체중이라 마른 몸이 되기가 어려웠는데 이곳 약을 먹은 이후로 '저체중'으로 진입하게 되었다는 간증 후기가 대부분이었다.

마스크를 쓰고 고개를 푹 숙인 채 핸드폰 화면만을 바라보는 여자들과 정신없이 대기 번호를 호명하는 마른 여자 간호사들. 이쪽에도 저쪽에도 여자들로 가득했다. 다이어트약 처방 전문 병원인 만큼 나와 비슷한 체구의 여자를 볼 수 있을 것이란 예상과 다르게 병원에 적어도 중도 비만 이상의 체구를 가진 여자는 나를 제외하고 아무도 없었다. 저렇게 평범한 몸을 가지고서도 살을 빼고 싶다고 여기까지 와서 앉아있는 사람들에게 내 모습은 어떻게 보일까.

괜스레 민망해진 마음에 여자들을 따라 고개를 숙이고 핸드폰 밝기를 낮춘 뒤 앨범으로 들어갔다. 어질러진 방을 배경으로 속옷만 입은 채 허리에 손을 올리거나, 침대에 걸터앉거나 다양한 자세로 헐벗은몸을 전시한 내 사진이 화면에 등장했다.

멍한 얼굴로 엄지를 획획 넘기며 사진을 돌아보고 있을 때.나를 부르는 소리가 들려왔다.

진료실에는 중년으로 보이는 남자가 앉아 있었다. 그는 모니터에 고개를 고정하고 눈만 획획 굴려 나를 흘끗 쳐다보고는 말했다.

"지금 몇 킬로그램이세요?"

"저 팔십 킬로그램이요."

"몇 킬로그램 빼고 싶으세요."

"일단 오 킬로그램 정도?"

"오 킬로그램 가지고 되겠어요? 십오 킬로그램 어때요?"

"십오 킬로그램요? 저야 좋은데. 그게 가능할지."

"가능해요. 저 만나고 삼십 킬로그램, 사십 킬로그램 빼는 사람들 수두룩 빽빽이에요."

"근데 저는 약을 처음 먹어봐서. 부작용 때문에. 약을 좀 약하게 처방받고 싶은데요."

"체중이 있어서 너무 약한 약은 효과가 적을 수도 있어요."

"그래도 그냥 제 체중에 먹을 수 있는 중에서 가장 약하게 부탁드려요."

이게 끝이었다. 혹시 내 몸을 속속들이 분석해 줄지 모른다는 기대감에 몰래 켜놓고 들어간 핸드폰 녹음기에 기록된 대화시간은 채 삼 분이 넘지 않았다. 집에서 출발한 지 열두 시간이 지나서야 끝난 이 여정은 삼 분 상담 끝에 작성된 오만 원짜리 처방전과 이십 만원어치 약 봉투와 함께 끝이 났다.

평생을 비만으로 살아왔던 내가, 병원을 찾은 데에 특별한 사건이 있는 것은 아니었다.

지나가는 낯선 이에게 대뜸 '돼지 년'이라는 욕을 먹거나, 가장 가까운 이에게 '비계 냄새를 어떻게 좀 해봐라.' 하는 이야기를 밥 먹듯 들어왔다는, '살찐 여자가 겪는진부한 에피소드들'을 백 가지 넘게 만드는 와중에도, 지금까지 내가 찌고 뺀 살의 무게 합이 내 몸무게를 넘어가는 와중에도, 병원을 찾지는 않았으니까.

그냥 일생에 구십구 번쯤 반복해온 다이어트를 백 번째로 시도하던 어느 새벽, 내가 십 킬로그램을 뺐음에도 불구하고 살 수 있는 옷은 인터넷 빅사이즈쇼핑몰에서 판매하는 2XL 원피스뿐이라는 사실이 지겨워졌을 뿐이다.

여행지에서 찍은 사진 한 장을 SNS에 올리기 위해 뱃살에 진 주름을 '여드름 빼기 효과'로 가리고, 커다란 머리통을 '콧볼 줄이기 효과'로 작게 만들고, 몸매 보정 효과로 어깨부터 발끝까지를 반쪽만 하게 줄이느라 한 시간을 날려 놓고, 이중 턱만은 가릴 방법이 없어, 끝끝내 SNS에 풍경 사진만 올리는 일이 지겨워졌을 뿐이다.

남자친구와 함께 길을 걸을 때 날씬한 그의 몸과 뚱뚱한 내 몸을 의식하는 일이 지겨워졌을 뿐이다.

몸에 맞는 옷이 아닌 안목과 취향이 담긴 옷을 살 수 있다면, 지하철에서, 버스에서, 내게 주어지는 일 인분짜리 자리가 편안하게 느껴질 수 있다면, 밥을 먹을 때 내 모습이 게걸스러워 보이지 않을까 걱정 하지 않을 수 있다면, 누군가가 나를 모르는 이에게 나를 설명할 때 '뚱뚱한'이라는 단어가 사용되지 않 을 수 있다면, 숨 쉬는 모든 순간마다 내 거대한 몸 을 실감하는 일을 멈출 수 있다면, 거리에 수많은 여자와 비슷해 보일 수 있다면, 그저 평범해 질 수 있다면. 내가 바라는 것은 그뿐이었다.

처방받은 다이어트약은 하루에 세 번 한 달간 복 용하는 것으로 한 번 복용할 때 자그마치 알약 일 곱 개를 먹어야 했다. 특이한 점은, 그중 단 한 알만 식욕억제제이고 나머지 여섯 알은 한 알의 식욕억 제제에서 비롯되는 부작용을 예방해주기 위한 위 장약, 항우울제, 변비약들이었다는 것이다. 부작용 없이 살을 쑥쑥 빼준다는 다이어트 계 허준의 비법 은, 그냥 부작용이 일어나기 전부터 부작용 치료를 위한 약물을 왕창 처방하는 것이었다.

그가 실력 있는 의사가 맞는지 아닌지는 모르겠지

만, 효과는 굉장했다. 어디 깊은 산골짜기에서 비밀 약초를 캐서 말리고 삶고 빻은 것도 아닌데, 그저 공장에서 뚝딱뚝딱 만들었을 알약 몇 개를 순식간에 삼켜버렸을 뿐인데, 약을 먹기 시작한 뒤 내 눈앞에 새로운 세상이 펼쳐졌다.

자격증 문제집을 풀면서, 보상으로 먹을 음식들을 고민하는 대신 오답 노트를 만들 수 있었다. 카페에서 친구들과 떠들면서, 누군가 한 입만 먹고 두고 간 케이크에 눈을 돌리는 대신 친구 얼굴을 바라볼 수 있었다. 먹고 싶다는 말 대신, 귀찮아서 먹기 싫다고 말할 수 있었다.

다른 사람들은 평생을 그렇게 살아왔겠지. 뷔페에서 일곱 접시를 비워 내고도, 더 먹기 위해 토를 하고 다시 다섯 접시를 먹지는 않겠지. 빵을 먹으면서 밥을 생각하고, 밥을 먹으면서 면을 생각하고, 면을 먹으면서 빵을 생각하진 않았겠지.

식욕이 사라지니 참아야 할 것이 없었다. 백 칼로리짜리 닭가슴살 소시지 반 개로 하루를 버텨도 살아졌다.

이전에는 느껴 보지 못한, 완전한 평화였다.

십 킬로그램을 감량한 뒤에는 헬스장을 찾았다. 약을 먹는 동안 음식을 먹지 않은 탓에 위경련을 세게 앓은 이후 더 이상 초절식 다이어트를 유지할 수 없기도 했고, 이제는 헬스장에 가도 창피하지 않을 몸이라는 자신감이 생겼기 때문이다.

회당 가격이 내 일주일치 식비에 달하는 PT를 시작하며 새롭게 정석 다이어트를 시작했다. 하루에 1300칼로리를 목표로, 적정량의 탄수화물과 단백질, 지방을 챙겨 먹고, 하루에 한 시간에서 두 시간씩 운동했다. 단약을 하니 허기는 돌아왔지만 이미 생채소와 무가당 음식에 입이 길들여진 덕분에 샐러드를 먹는 것으로 충분히 만족할 수 있었다.

문제는 타인과 식사해야 하는 순간이었다. 가까운 이들에게는 다이어트 소식을 알리고 식사 약속 대신 카페 약속을 잡긴 했지만, 오랜만에 만나는 친구들을 만날 때에는 식사를 피할 수 없었다. 고민 끝에 나는 친구들을 우리 집으로 초대해, 다이어터의 대표 외식 메뉴로 꼽히는 샤브샤브를 끓여 대접하는 꼼수를 부렸다.

친구들은 내가 끓인 샤브샤브를 먹고 '이런 다이어트라면' 평생 할 수 있겠다는 찬사를 날렸다.

하지만, 내가 보내는 하루하루들은 친구들이 생각하는 '그런' 날들이 아니었다.

살이 찌지 않는 '속세 음식'으로 인정받는 '샤브샤브'마저도, 한술 뜬 순간, 평소 먹는 저염식과 달리 고소하고 짭짤한 국물을 참지 못하고 한 솥 가득 해치워버리는 날들이었다. 빵빵하게 부푼 배를 마주한 순간, 친구들을 집에 남겨두고 헬스장으로 달려가, 삼십 분간 참회의 사이클을 달리는 날들이었다. 친구들이 집을 떠나자마자 화장실로 달려가, 뭉개진 음식물과 함께 변기 위에 떠오를 기름을 기다리며 목구멍에 손가락을 쑤셔대는 날들이었다.

기름이 배어난 고소한 국물을 한술 뜨고 음미하던 순간을 (샤브샤브 1.5인분, 700kcal)

고기와 채소를 고소한 땅콩 소스에 듬뿍 찍어 먹던 순간을 (땅콩소스 1인분, 136kcal)

저주하는 날들이었다.

그렇게 한 달간의 '초절식' 다이어트와 두 달간의 '건강한' 다이어트를 지나고 나니. 내 몸은 168센치에 60킬로그램, 체지방률 24퍼센트라는, 마르지도 않고 뚱뚱하지도 않은, 아주 보통의 몸이 되어있었다.

PT 선생님은 내가 샤브샤브를 먹다 뛰쳐나와 사이클을 탄 사건을 두고 '모범적인 수강생'의 대표적인 사례라며 내 인바디 기록 용지를 홍보용으로 사용하고 싶다 했다.

주위에서는 '건강한' 다이어트 비결을 궁금해하며 내가 매일 먹는 음식과 매일 하는 운동루틴에 관해 물었다.

살에서 발굴되고 나니 골격이라는 게 보였다. 엄마에게 통뼈라는 이야기를 많이 듣긴 했었지만, 뼈를 본 적이 없어 실감하지 못했는데 살을 빼고 보니 나는 통뼈가 맞았다. 살이 쪘을 때도 엉덩이 둘레는 큰데 골반이 좁아, 혹시 살을 빼고 나면 숨어있던 골반이 드러나지 않을까 기대했건만, 골반은 여전히 푹 꺼져있었다. 비만한 몸의 유일한 장점이던 출렁거리는 가슴과 엉덩이는 볼록한 흔적만 남기고 사라졌다. 양팔을 벌리면 지방이 빠지는 속도를 따라오지 못한 채 축늘어진 살가죽이 날다람쥐 같긴했지만, 겨드랑이를 딱 붙이면 감출수 있었다. 억지로 힘을 주지 않아도 푹 패인 쇄골과 둥근 어깨뼈를 드러내면, 제법 섹시해 보이는 것 같기도 했다.

아쉬운 부분이 없는 것은 아니지만, 이 정도라면 길가의 여자들과 뒤섞여 있으면 나를 찾지 못할 것 같았다. 어디서도 눈에 띄지 않는, 평범하고도 평범한 몸이었다.

내가 평범해졌다는 사실에 가장 기뻐한 것은 엄마였다. 한 달에 한 번씩 본가를 찾을 때마다, 엄마는 나를 보며 황홀해 했다. 내가 화장실을 갈 때도, 냉장고 문을 열 때도, 물을 마실 때도, 엄마는 연예인이라도 마주한 것처럼, '저 팔목 얇은 것 좀 봐.', '저 턱선 좀 봐.' 하는 감탄을 멈추지 못했다. 나는 엄마의 반응에 힘입어 팬서비스라도 하듯 '이제 맞는 옷이 하나도 없어서 날씬한 내 친구 누구 옷을 빌려 입고 있다'라는 둥, '어제 길거리에서 또 번호를 요구 받았다'라는 둥 어디서도 하지 않던 낯부끄러운 말을 멈추지 않고 떠들어댔고, 신난 얼굴로 내가 하는 자랑을 경청하던 엄마는 대뜸 안방에 들어가 한참을 있더니 나를 불렀다.

엄마의 부름에 달려간 안방 풍경은 굉장했다. 이전에 집에서 보지 못한 낯선 옷들이 바닥을 가득 메워 동묘시장처럼 보일 지경이었다. 잦은 이사와 짐 정리 속에서도 살아남은, 엄마가 미스 시절 입던 옷들이었다.

"싸구려는 진작 버렸는데, 이것들은 비싼 거라서 혹시 몰라 보관해 둔 거야. 예쁘지."

딸에게 물려주게 될 날을 기다리며 이십사 년간 보관해왔던 옷들을 하나씩 펼치는 엄마는 잔뜩 들뜬 표정을 감추지 못했다. 엄마 손에 하나씩 들리는 옷들은 내가 전에 입던 옷들의 2/3 정도의 크기밖에 되지 않아 보였다.

엄마를 향해 미소 짓고 있는 얼굴 뒤로, 땀이 등줄기를 타고 내려오는 것이 느껴졌다. 이렇게 좋아하는데, 맞지 않으면 어떡하지. 제발 맞아라. 제발 잠겨라.

왕자 앞에서 신데렐라인 척하기 위해 유리 구두를 신다 구두가 발에 맞지 않자 발꿈치를 잘라 억지로 밀어 넣었다던 의붓언니들이 된 심경으로 옷들을 하나씩 집어 들었다.

'톡톡'한 소재감이 돋보이는 모직 코트에 몸이 폭 안겼다. 팔을 머리 위로 들어도 편안했다. 허리가 잘록하게 빠진 정장 원피스는 만든 이의 의도대로 허리선을 타고 예쁘게 흘렀다. 손가락 두 뼘 만한 치마는 엉덩이를 부드럽게 쓸고 올라가 손쉽게 잠기는 것도 모자라, 손가락 세 개는 들어갈 만큼 허리가 남았다.

엄마는 연신 '예쁘다'라는 말을 멈추지 않으며 출산한 지 이십사 년 만에 마침내 친딸을 찾은 것처럼 기뻐했다. 나는 엄마의 딸을 꽁꽁 숨겨버린 납치범이자, 엄마의 딸을 찾아준 은인이었다.

문제는 취업한 이후 시작되었다. 내가 근무하던 곳은 한 작은 인권 단체로 서울이지만 식당을 걸어가려면 족히 이십 분은 걸어야 하는 외진 곳에 있어 선택의 여지 없이 구내식당을 이용해야 했다. 원한다면 도시락을 싸 와도 상관없다고 했지만 이제 막 입사한 신입직원인데 까탈스럽게 보이고 싶지는 않았다. 심지어 사기업도 아닌, 여성에게 강요되는 억압에 맞서 싸우는 여성 단체에서 다이어트 도시락을 싸 오는 신입직원은 상당히 부자연스럽다. 그래서 어색해 보이지 않을 선에서 최소한의 양만 식판에 담았다. 점심 한 끼쯤 일반식 먹어도 상관없겠지.

하지만 나는 여전했다. '속세 음식' 앞에서 언제나 무너졌다.

다이어트를 하고 있다는 사실을 들키기는커녕, 나는 그곳에서 유일하게 식판을 세 판이나 해치우는 사람이었다. 동료들은 나를 보며 신기해했다. 이렇게 잘 먹는데 어찌 말랐냐는 질문에 내가 할 수 있는 대답은 멋쩍은 웃음이 전부였다.

직원들이 내 몸매 비결을 알게 되는 데는 오랜 시간이 걸리지 않았다. 전날 세 판을 연달아 먹은 날이면, 갖은 핑계를 대며 점심을 굶었다. 그리고 또 다음날이 되면 언제 그랬냐는 듯 세 판을 비웠다.

그렇게 이 주 만에 위경련으로 조퇴했다. 병원에서 링겔 투혼을 거치고 나서도, 한번 풀린 입은 멈출 줄을 몰랐다. 뭐든 입에 넣지 않고서는 견딜 수가 없는데 살이 찌긴 싫었다. 일이 끝나면 지하철을 타고 서울 방방곡곡에 흩어진 '글루텐프리저탄수' 디저트를 파는 카페를 찾아갔다. 칼로리가 적은 음식은 아니지만, 탄수화물이 적으니 적당량만 먹는다면 문제 되지 않겠지.

떨리는 마음으로 포크를 들어 케이크를 입에 넣는 순간, 부드러운 크림과 달콤한 초콜릿 향이 입안에 퍼졌다. 멈출 수가 없었다. 딱 반 조각만 먹겠다던 결심은 순식간에 무너졌다. 정신을 차렸을 때는 이미 케이크 두 조각을 해치운 뒤였다 (글루텐프리 케이크 두 조각. 900kcal).

급하게 편의점을 찾아 평소 먹고 싶었지만 높은 칼로리와 당 함량, 지방 함량 때문에 엄두도 못 내던 초코과자와 (200kcal. 당류 14g), 목이 메일 만큼 퍽퍽한 빵들을 (465kcal. 당류 21g), 부드러운 생크림이 가득 들어있는 디저트와 (467kcal. 당류 25g) 막힌 목을 달래줄 초코우유를 (345kcal. 당류 27g) 집어 들고 거리로 나와 황급히 포장을 뜯었다. 지나치게 '평범한' 체형 덕분에 길거리에서 음식을 잔뜩 입에 넣어도 눈초리를 사지 않을 것 같았다.

입안에서 지방과 당과, 탄수화물이 뒤섞였다. 흔히들 '폭식'하던 순간을 두고 '맛도 채 느끼기 전에 삼켜버렸다'고들 말하던데, 아니었다. 질량감이 느껴지는 든든한 탄수화물과 입안에 번지는 부드러운 유지방, 혓바닥에 맴도는 당분 덩어리들은 눈물 나게 환상적인 맛이었다. 환상적이지 않으면 안 됐다.

총합 2377kcal의 맛이었으니까.

지친 얼굴을 한 직장인들과 사랑을 속삭이는 연인들로 가득한 거리를 지나쳐 찾은 곳은 인근 놀이터공중화장실이었다. 화장실 문을 닫고 티셔츠를 벗은뒤 문에 걸며 하루 동안 먹은 음식물들의 순서를 떠올리고는 비장한 마음으로 검지와 중지를 펼쳐

입안에 밀어 넣었다. 액체류를 충분히 마신 날에는 검지하나를 가볍게 흔드는 것만으로도 충분했지만, 액체를 적게 먹고 탄수화물을 위주로 먹은 탓에 가장긴 중지로 목젖을 치고, 혀뿌리를 쓸어줘야 했다. 놀이터에 앉아있던 여고생들의 까르르거리는 웃음소리 위로 컥컥거리는 소리가 울려 퍼지고, 이내, 굵은눈물방울과 함께 오바이트가 변기 위에 쏟아졌다.달콤한 것만 먹었는데도 코에서 매운 기운이 올라왔다. 그렇게 한참을 이어진 토악질은, 노란빛의 토사물이 쏟아지고 내서야 막을 내렸다. 단정하고 예쁜 모양을 하고 있던 글루텐프리 단호박 케이크였다.

 질척해진 얼굴을 닦고 혹여 냄새가 날까 봐 복숭아향 섬유향수를 온몸에 뒤집어쓰고 화장실을 빠져나와 돌아오는 길. 더운 날씨에도 불구하고, 땀이 나긴커녕, 오한에 몸이 떨려왔다. 몸에 잔뜩 뿌린 섬유향수의 단내 탓에 속이 울렁거렸다. 놀이터 풍경이 영화 속 디졸브 효과처럼 눈앞에서 서서히 사라졌다가 나타나기를 반복했다. 다리에 힘이 풀려 다리를 쪼그리고 자리에 주저앉아 눈을 질끈 감았던 때, 누군가 어깨를 툭툭 건드는 것이 느껴졌다. 나 하나쯤

거뜬히 둘러메고도 남을 건장한 체격의 남자였다.

"괜찮으세요?"

그는 미간을 잔뜩 찌푸린 채, 걱정 가득한 표정으로 내 얼굴을 살폈다.

"괜찮아요."

멋쩍게 그에게 답을 하고 일어서려는데 눈앞에 새하얀 핸드폰 화면이 나타났다.

"이런 상황에서 죄송한데, 제 이상형이셔서. 혹시 연락만이라도 하고 지낼 수 있을까요?"

금새 미간이 팽팽하게 펴진 남자의 얼굴은 붉게 물들어 있었다.

평생을 기다려 온 순간이 눈앞에서 펼쳐지고 있는데, 왜인지도 모르게, 눈앞 풍경이 울렁이더니 코가 꽉 막혀왔다. 눈구멍과 콧구멍에서 물줄기가 주르륵 흘러내리더니, 시원하게 내려가는 변기 물처럼 쏟아져 내렸다.

이게 아닌데, 신난 마음을 감추고 가련한 표정으로 남자의 이목구비를 낱낱이 살피고, 머리부터 발끝까지 감상해줘야 하는데. 고개를 들어야 한다. 고개를 들어야 유치하고 구질구질한 장면으로 남지 않을 수 있다.

머릿속으로 아무리 되뇌어도 고개는 올라갈 기미가 없었다. 아니, 고개가 올라가기는커녕 축 처졌던 어깨까지 리드미컬하게 들썩이기 시작했다.

기뻐야 하는데, 하나도 기쁘지 않았다. 내가 느낀 감정은 비참함이었다. 얼굴을 덮은 손에서 비누로도 가려지지 않은 구역질 냄새가 비참했고, 고작 이런 것을 위해 견뎌온 시간이 아까워서 비참했고, 다른 이들이라면 휙 지나갈 사소한 장면 속에서도 구질구질하게 무너지는 내가 비참했다. 그래 나는 비참했다. 가장 비참했던 건, 내가 나를 비참하게 여긴다는 사실이었다.

한참을 울다 눈을 떴을 때, 놀이터에 남아있는 것은 길쭉한 내 그림자 하나 뿐이었다.

모든 것을 흘려보내고 텅 빈 속에서 허기가 느껴졌다.

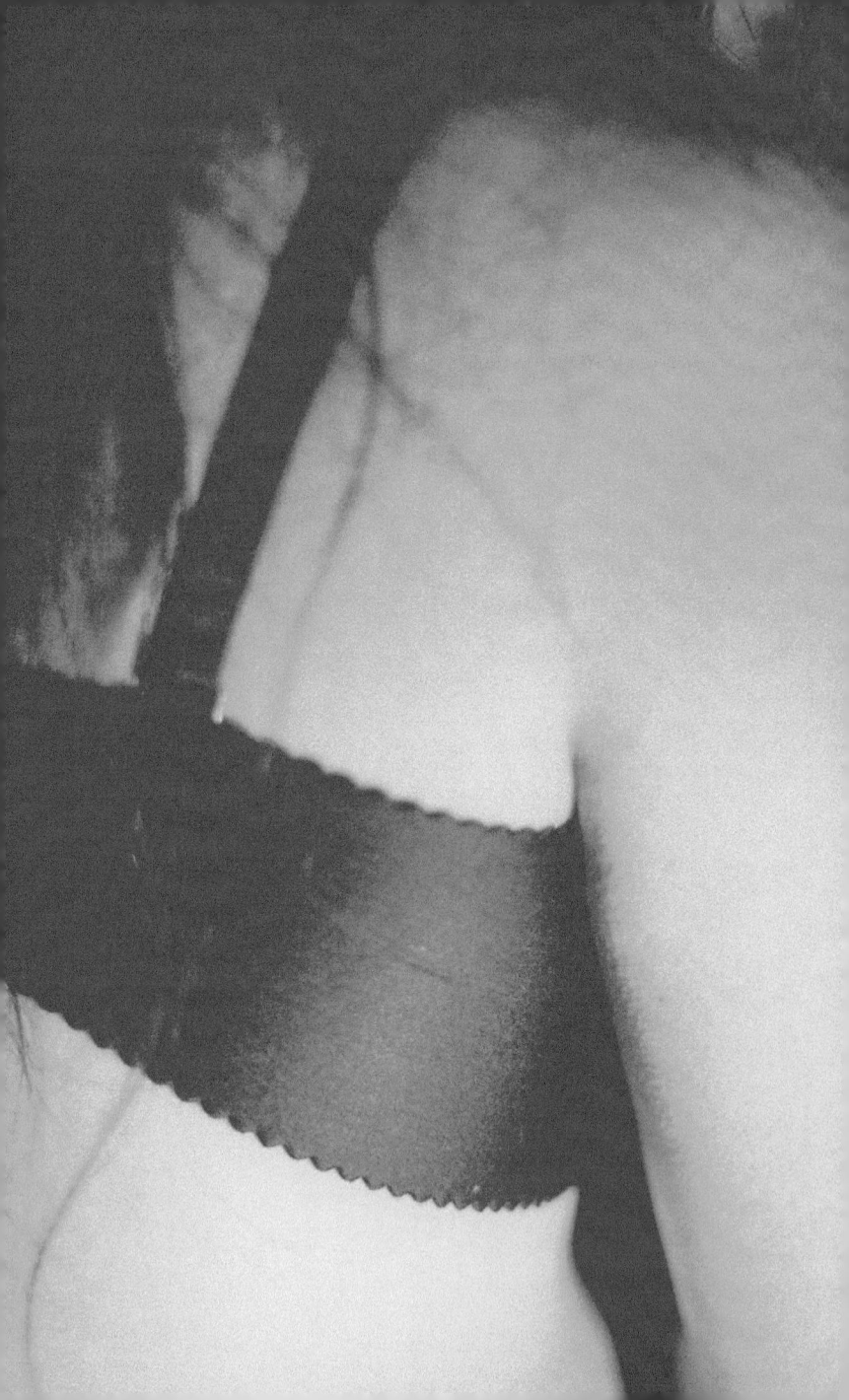

수치심의 역사

 티셔츠 끝자락을 손으로 잡고 머리 위로 올린다. 겨드랑이에 차가운 에어컨 바람이 스친다.
 나. 겨드랑이털 제모했었나. 급하게 팔을 내리고 침대 앞에 우뚝 서자 고개가 떨어진다.
 나무 모양을 흉내 낸 싸구려 장판, 어떻게든 여성성을 증명하려는 듯 자그마한 리본이 애처롭게 달려있는 2xl사이즈 검은 팬티. 보풀이 난 검은색 브래지어가 울렁거린다. 이내 배 위로 차가운 물방울이 떨어지고, 붉은 줄이 그어진 툭 튀어나온 배의 굴곡을 따라 눈물이 굴러간다.

빛나는 청춘. 생기가 온몸에 반짝거리는 인생에 가장 아름다운 시기. 붉은 장미 꽃잎이 뿌려진 침대 앞에서 난 이제 더 이상 소녀가 아니라며 검은 슬립의 어깨끈을 손으로 쓱 밀면 드러나는 하얀 살결. 깊게 파인 쇄골과 풍만한 가슴. 잘록한 허리. 탄탄하게 빛나는 허벅지와 엉덩이. 침대에 앉아 있던 남자는 그녀의 얇은 허리춤을 끌어안고.

아니 이게 아니라면. 어느 골목길에서 거칠게 입을 맞추던 두 남녀. 남자의 커다란 손이 다급하게 여자의 치마 아래를 쓸고. 여자는 그의 손을 가로막는다. 남자와 여자의 이글거리는 눈 맞춤. 남자는 이내 여자의 손을 이끌고, 방문이 열림과 동시에 거친 숨소리와 함께 여자의 옷을 벗긴다. 이것도 좀 과한가. 어쨌든, 대충 그런 식 일 줄 알았다. 사랑하는 사람에게 알몸을 보이는 순간이 이토록 비참한 모습일 것이라고는 상상도 하지 못했었다.

그와 잠자리가 처음은 아니었다. 우리는 사귄 지 한 달이 막 지난 스물세 살 동갑내기 커플이었고, 나는 자취 중으로, 자정이면 집으로 돌아가야 하는 신데렐라도 아니었다. 더군다나, 그와 나는 MZ 세대답게 선 섹스 후 연애라는 말처럼 함께 모텔에 들어가게 된 사건 이후로 연애를 시작하게 되었으니까. 다만, 그와 내가 함께 하는 순간은 항상 깜깜했고, 나는 절대 옷을 벗지 않고 빈틈으로 모든 것을 해결할 뿐이었다. 이것으로 충분하다고 생각했다. 분명히 그렇게 믿었는데, 그가 불을 환하게 켜고 침대 위에 걸터앉아 말하고 만 것이다.

"인주 알몸 한 번만 보고 싶어. 너무 예쁘고 섹시할 것 같아."

깊게 패 있는 쇄골. 숨을 깊게 들이쉴 때마다 선명하게 드러나는 갈비뼈. 그리고 그 아래 단단하게 발기해 있는 그의 성기. 그는 나와 키는 같지만, 그의 체중은 나보다 삼십 킬로그램이나 덜 나갔다. 그래. 이만큼 사귀었고 우리가 안 잔 것도 아니고. 보진 않았어도 만지기는 많이도 만졌으니 내 접힌 살들과 그 부피를 짐작하고 있을 것을 알고 있었다.

근데, 막상 내가 진짜 벗었을 때, 그 애의 고추가 바람 빠진 풍선처럼 축 누그러지면 어떡하지. 누그러지기만 하면 다행이지. 한참 빵빵하게 부풀어 오르던 풍선을 묶지 못하고 놓쳐버릴 때처럼 그가 이 모텔 방안을 정신없이 서성이다 문밖으로 사라지면 어떡하지.

섹시하다. 섹스가 뭔지조차 모르던 때부터 아무렇지도 않게 쓰던 그 말도 다시 생각해보면 섹스에 형용사 y가 붙은 것뿐이잖아. 섹스하고 싶은 몸 그거잖아. 다른 이들은 누군가를 유혹할 때 옷을 벗는데, 왜 나는 누군가를 유혹하려면 옷을 입어야 하는 건데.

난 이제 더 이상 소녀가 아니에요. 그대 더 이상 망설이지 말아요. 난 오늘을 기다렸어요.

저는 이미 성인이 된 지 삼 년이나 지났는데요. 아무도 소녀로 보지 않고, 이런 밤이 처음도 아닌데요. 전 왜 오늘이 두려운 걸까요.

고등학생 시절. 학교 축제날이었다. 앞의 남자 진행자가 잔뜩 신난 얼굴로 외쳤다.
"우리 반에서 머리가 가장 큰 사람 앞으로 나와주세요!"
순간 육십 개가 넘는 눈동자가 힐끔힐끔 나를 향했다. 아무도 나가라고 말하지 않았다. 다만 바라보았을 뿐이다.
"아 이런 건 내가 나가줘야지."
붉어진 얼굴을 감추고 어깨를 으쓱하며 자리에서

일어서자. 이내 자리에 앉아있던 아이들이 안심하며 웃음을 터뜨렸다. 위풍당당하게 성큼성큼 걸어 무대 위로 올라, 각 반에서 가장 덩치 크다는 이유로 끌려 나온 아이들 옆에 줄을 섰다.

진행자는 줄자를 꺼내 들어 아이들 머리에 가져다 대며 큰 소리로 외쳤다.

"육십육 센치!"

"육십삼 센치! 아~ 아쉽습니다!"

이윽고 내 차례가 다가왔다. 줄자를 따라 심장 소리가 요동쳤다.

"육십팔 센치! 신기록! 우승입니다! 일학년 삼반 백점 적립!"

아이들의 환호가 쏟아지고, 나는 골이라도 넣은 듯 기세등등하게 둘레 육십팔 센치짜리 머리 위로 팔을 뻗었다 접으며 승리의 세레모니를 펼쳤다. 머리 크기 전교 일등인 나를 향해 우리 반 아이들이 박수쳤다.

남녀공학 중학교에 재학하며 '뚱녀'로 교실에서 살아남는 법을 습득한 나에게 머리 크기 일위정도야 아무 일도 아니었다. 뚱뚱한 여자에게는 필연적으로 조롱이 따르고, 그 조롱에 어떻게 대처하느냐에 따라 교실 내에서 역할이 정해진다. 조용히 그 조롱을 들으며 고개를 숙이고 '돼지찐따'가 되거나 남이 내뱉기 전에 먼저 잽싸게 가로채 '쿨'하고 '웃긴' 여자애로 자리매김 하거나. 또래보다 덩치도, 눈치도 앞서던 나는 후자를 택해, 큰 목소리로 걸걸한 욕을 섞어 스스로를 자조하는 농담을 뱉으며 '기쎄고 웃긴 여자애'로 교실 내 생태계에서 살아남았다. 아니 솔직히 말하면 생존하는 걸 넘어서 여자아이들 사이에서는 '쎈 언니' 캐릭터로 꽤 인기가 좋았다. 나와 친해지고 싶다는 아이들이 항상 차고 넘쳤으니까.

그럼에도 불구하고 이 방법의 한계는 명확히 존재했다. 무릇 남성들의 비호감을 살 수밖에 없다는 점이다. 뚱뚱한 데다 기까지 세다. 심지어 자신이 짝사랑하는 가냘픈 여중생들이 그 기쎈 뚱녀를 좋다고 따른다.

남자 동급생들은 수업 시간에 젊고 날씬한 여자 선생님들에게 앞다투어 '저랑 결혼해 주세요.' 따위의 농담을 던지다가도, '니 여친 인주.' '너 인주랑 섹스함.' 따위의 말을 내가 아닌 서로를 모욕하기 위해 사용하였다.

선생님은 그들에게 '누군가의 이름을 욕의 용도로 사용하면 안 된다.' 가르치는 대신 '수업 시간에 시끄럽게 하면 안 된다.' 라고 가르쳤다.

 덕분에 내가 거친 욕설로 남자애들에게 항변할 때면, 그들은 자신들만의 농담에 지나가는 행인이 끼어들어 '꼰대질'을 하는 것처럼 짜증을 냈다, 아이들이 찾아낸 선생님의 SNS에는 나를 줘도 안 먹을 년이라 부르던 '천방지축 말썽쟁이'들의 사진과, 아이들에 대한 애정이 듬뿍 묻어나는 게시물, <죽은 시인의 사회>를 감상한 뒤 진정한 교육이란 무엇인지 통찰하는 게시물이 올라가 있었다. 물론 카터 선생님의 명대사이자, 현실을 즐기라는 뜻의 '카르페 디엠'이라는 문구도 함께.

 말썽꾸러기를 향한 선생님의 사랑 덕분에 그 무렵 나는 지나가다 내 이름이 들리면 가슴이 뛰었다. 피해망상이라 믿고 싶었지만 입을 다물고 귀를 기울이면, 역시나 내 이야기가 맞았다.

 삼 년간 나는 내 이름을 그들에게 빼앗겼다.

 다행히도 남녀공학 중학교를 졸업한 뒤 여자고등학교에 입학하게 된 나는, 금세 내 이름을 되찾을 수 있었다. 하지만 중학생 머릿속에 박힌 '줘도 안 먹을 년'이라는 수식어를 머리에서 비워낼 순 없었다.

내가 다니던 여고는 강남 8학군 바로 옆에 위치해 백 년이 넘는 전통을 자랑하는 명문고로, 웬만한 전문대학보다 커다란 캠퍼스를 가지고 있어 교직원부터 학생들까지 자부심이 하늘을 찌르는 곳이었다. 신입생 학부모들을 대상으로 진행되는 간담회 자리에서 교장이 직접 '위장전입으로 타 지역 학생들이 입학하며 학교의 물이 흐려져서 고민'이라고 말할 정도였으니까. 학교 이미지를 위해 학생들은 운동화가 아닌 구두만을 신어야 했고, 추운 날에도 담요를 어깨에 두르면 벌점을 부과받았으며, 유명시인이 작사했다는 '정절과 신앙'을 강조하는 교가를 노래해야 했다.

그럼에도 불구하고, 학교는 교문 밖을 나선 아이들까지 감시할 수는 없었다. 수업이 끝나고 입구에 '정조, 순결, 신앙'이 적힌 비석을 지나 교문을 통과하면 검은 차들이 줄지어 서 있었다. 여고생 여자친구를 데리러 온 성인 남자들의 차였다.

"넌 오빠랑 어떻게 만났어?"

"그냥. 번호 따였어."

"어디서? 교복입고 있었는데 따인거야?"

"아니~ 그냥 어쩌다 보니까~"

아이들이 묻자 그녀는 고개를 까딱거리며 대충답하고는 나에게 팔짱을 끼고 화장실로 갔다.

"인주야 너한테만 말하는 건데, 사실 남친 랜챗에서 만났다?"

"랜덤채팅? 거기서 실제로 만났다고? 너무 위험한 거 아니야?"

"아니 우리 지난번에 체육관에서 다 같이 변태 놀리면서 랜챗한 날 있잖아. 그 날 학원 가는 길에 심심해서 혼자 하다가 연락하게 됐는데 집도 가깝고, 얼굴도 괜찮고 해서 몇 번 만나고 사귀게 된 거야."

"아니 그래도 성인이 미성년자를 만나는 게 좀 찝찝하지 않아?"

"오빠도 처음엔 나 미성년자라 연애 생각 없이 만나다가 점점 좋아져서 엄청 고민했대. 나 손끝 하나 안 대서 오히려 내가 짜증나. 존나 씹 선비야."

그들이 말하는 '선비'는 애초에 랜덤채팅에서 미성년자를 만날 일이 없겠지만, 성인 남성과 연애하는 친구들이 하는 얘기는 하나같이 비슷했다.

대부분 원래 알던 사이인 경우는 없고 '오빠'가 번호를 땄다던가 인터넷에서 만나든가 해서 만나게 된다. 데이트도 대부분 비슷하다. 처음 만나 인사를 나눈 뒤 코인노래방에 가거나 영화관에 가 시간을 보낸다. 인당 이삼만 원대로 성인들에게는 나쁘지 않은 가격이지만, 청소년들은 마음먹고 가야 하는 가격대 프렌차이즈 레스토랑을 가서 식사한다. '중간고사를 마친 여고생들의 뒤풀이 코스'와 유사한 진행이다. 대부분은 오빠가 계산하지만, 몇몇은 밥을 산 뒤 카페에선 은근히 뒤로 빠지며 더치페이를 요구하는 경우도 있다.

그런 만남을 대개 다섯 번에서 여섯 번, 기간으로는 약 한 달에서 두 달 정도를 지속하게 되면, 오빠들은 '미성년자여서 고민했지만, 너를 진심으로 좋아한다'며 고백하고는 '성인이 될 때까지 건들지 않겠다'라는 말을 덧붙인다. 물론 아동·청소년법에 걸리는 거 아니냐는 농담과 함께.

친구들이 고백을 수락하는 이유도 모두 똑같았다.
"또래 남자애들은 너무 어리고 돈도 없어서 싫은데, 오빠랑은 그나마 좀 대화가 통해."

학원을 마치고 집으로 돌아와 친구가 말한 랜덤

채팅 어플을 켜고 나이를 입력하자. 성인 남자들에게 쪽지 요청이 쏟아졌다. 조건 만남 할 생각 있냐는 쪽지나 스타킹 팔 생각 있냐는 쪽지들을 제치고 몇 명과 연락을 주고받다가 가장 괜찮은 남자와 번호를 교환했다. 그는 연락을 주고 받은 지 며칠 만에 학교 앞으로 나를 데리러 오겠다고 했다. 살이 쪄서 만나면 분명 실망할 것이 뻔해 만나기 싫다고 해도 소용없었다. 나는 친구들에게 부탁해 몸매 보정을 전혀 하지 않은 원본 그대로의 전신사진을 찍어 그에게 보내며 그를 만류하기까지 했다.

"인주야 난 니가 백 킬로그램이든 어떻든 상관없어. 그냥 만나보기만 하고 싶은 건데 그것도 안 돼?"

백 킬로그램이어도 상관없다는 그의 말에 안심이 되어 알겠다고 답했다. 당시 내 몸은 백 킬로그램보다는 조금 덜 나갔기 때문이다. 그와 만남에서 유일한 걸림돌은 그가 나에게 실망할까 걱정되는 것뿐, 내가 평소 성인 남성과 만나는 친구들을 걱정하며 말하던 '위험', 정확히 말하면 '스킨십으로부터의 위험'은 나에게 있어 작은 돌멩이조차 되지 못했다.

다음날 수업을 마친 후 화장실에 들러 몇 번이고 눈 위에 쌍꺼풀액을 덕지덕지 바른 뒤 조심스레 교문을 나서자 나를 향해 손을 흔드는 남성이 보였다. 중학교 동창 남자애들과 비슷한 외모로 나보다 20kg은 덜 나가는 평균 체중을 가진 평범한 남자였다. 그는 나를 만나자마자 자연스럽게 내 손을 잡고 걷다 근처 번화가로 향했다.

"인주야 우리 카페 갈까? 오빠가 시원한 거 사줄게."
그가 데리고 간 카페는 친구들과 몇 번 가본 룸카페였다. 그는 아이스초코를 시켜준 뒤 텔레비전을 틀고 반쯤 누워 빈자리를 툭툭 치며 말했다.
"같이 눕자."
내가 눈치를 보며 조심스레 상체를 뒤로 기울이자 그가 갑자기 입을 맞췄다.
"꼴린다."

밀칠까 싶었지만, 순간, 평생 나에게 키스라는 걸 해볼 기회가 없으면 어떡하지 싶었다. 평균 체중을 가진 여자도 충분히 만날 수 있을 것 같은 남자가 나에게 욕망을 느낀다는데, 내가 거절하는 건 내가 아쉬운 일이라는 생각이 들었다. 친구들과 있을 때는 혈기 왕성한 여고생답게 잘도 천박한 단어를 입에 올리며 쉴 틈 없이 음담패설을 내뱉던 나는,

내 입에 들어오는 물컹한 감촉이 낯설어 벌벌 떨며 눈을 감았다.

그와 룸카페에서 너저분한 첫 키스를 마치고 나온 뒤, 당연하게도, 그와 다시는 만날 수 없었다. 성인 남성들이 나를 원하는 이유는 오로지 내 교복에서 나온다는 것을, 그들이 원하는 것은 고도비만 여성이 아닌 더럽혀지지 않은 '여고딩'임을 알고 있었다.

나는 '산삼보다 고삼'이라는 그들의 농담을 뼈에 새기며, 졸업을 한 뒤 나의 유일한 매력인 '고딩' 타이틀을 잃게 될 순간을 두려워했다. 다시 '줘도 안 먹을 년'으로 돌아가고 싶지 않았다. 먹잇감 주제에 포식자를 잃을까 두려워했다.

불행인지 다행인지, 졸업하고 보니 많은 남자는 성인이 된 지 채 일 년도 지나지 않아 때 묻지 않았으면서도 건드려도 찝찝할 구석이 없는 스무살 여자에게 환호했다. 번화가를 지날 때면 모든 술집과 클럽들에 스무살 여자들을 대상으로 하는 이벤트를 써 붙인 요란스러운 현수막이 걸려 있었다.

스무살 여자기만 하면, 술이 무료였다. 그 대가는 가게의 진정한 손님인 남성들에게 취한 모습을 전시하는 것이었다.

친구들 손에 이끌려 처음 클럽에 갔던 날, 누군가가 나를 만질까 두려웠지만, 동시에 아무도 나를 만지지 않을까 더 두려웠다. 친구들이 찝쩍거리는 남자를 욕할 때 맞장구만 치고 싶진 않았다. 친구들과 동그랗게 서서 춤을 추는 동안 몇 명의 남자들이 친구들 몸에 손을 올렸다가 떠나기를 반복할 때마다 나는 초조해졌다. 여고에서 함께 감지 않은 머리를 벅벅 긁으며 추한 모습을 공유했다고 해서, 우리가 타인에게도 '같은 무리', '비슷한 애들'로 구분되지 않는다는 것을 모두가 나에게 알려주려고 하는것 같았다.

그때 고맙게도 엉덩이를 움켜쥐는 손길이 느껴졌다. 친구들은 해봤자 어깨나 허리 정도였는데, 처음부터 엉덩이라니. 조금 과한 것 같긴 하지만 드디어 친구들에게 말할 거리가 생겼구나 싶어 안도하며, 앞서 친구들이 하던 행동을 따라 남자의 손을 쳐냈다.

그런데 이상했다. 분명 친구들은 이러면 끝이던데, 같은 손이 허리를 움켜쥐고 놓지 않았다. 아무리 쳐내도 소용없었다. 나는 그로부터 도망치기 위해 빠르게 화장실로 향했다. 화장실 문을 열자 조명이달린 세면대 거울에 립스틱을 덧바르는 헐벗은 여자들과 펑퍼짐한 맨투맨을 걸친 채 땀에 절여진 내가 비쳤다. 나는 괜히 기름종이를 꺼내 얼굴 위에 번쩍이는 개기름을 닦아내며 어설프게 그녀들을 흉내냈다. 화장실에 여자들이 끊임없이 들어오고, 기름종이로 닦아낸 게 무색하게 땀이 다시 차올랐다. 겨우 화장실을 빠져나오자 거친 손이 내 손목을 잡았다. 내 엉덩이를 만지던 그 손이었다.

"저기, 번호 좀 주세요."

그는 마치 내가 그의 물건을 뺏어가기라도 한 것처럼 무표정한 얼굴과 건조한 목소리로 말했다. 나는 그의 심기를 거스르지 않게 최대한 난색한 표정을 지으며 죄송하다고 인사한 뒤 친구들을 데리고 클럽을 빠져나왔다. 시원한 공기가 땀에 절은 얼굴에 닿고 한숨을 크게 내쉬는 동시에 예상과 같이 징그럽게 달라붙는 남자들에 대한 친구들의 욕이 시작되었다. 나는 아까의 공포가 무색하게, 조금은 기쁜 마음으로, 방금까지 나에게 벌어졌던 사건을 이야기했다.

"헐 미친놈 아니야 뭘 쫓아오기까지 해 무섭게. 난 그렇게까지 하던 새끼들은 없었는데."

분명 찝쩍거리는 남자가 있기만 하면 나도 떳떳할 줄 알았는데 친구의 말을 듣자 내 안에서 검은 수치심이 스멀스멀 피워 올랐다. 그래 구애할 때 보통 그런 식으로 하지는 않지. 어떻게든 잘 보이려 애쓰지. 커다란 몸뚱이만으로, 감히 거절하지 못하는 사람임을 들켜버렸다는 것을 깨달은 나는. 걸걸한 육두문자와 함께 '쎈 언니'를 연기하며 속에서 피어오르는 연약한 감정을 숨겼다.

 스물두 살이 되고 나는 쌍꺼풀 성형 수술과 코 성형 수술을 받았다. 그동안 쌍꺼풀액 사용으로 축 처진 눈두덩이 때문에 눈을 제대로 뜨는 것조차 힘들고, 맨얼굴과 화장 후의 얼굴 차이가 심해 비포 애프터샷을 인터넷에 올려보라는 이야기를 지겹게 들었던 나에게 성형 수술은 구원과도 같았다. 수술하기 전날 말 그대로 토할 만큼 뷔페를 양껏 먹은 뒤 수술을 하고 며칠간은 하루에 호박죽 한 그릇만 먹었다. 이왕 성형하는 김에 백 번 실패했던 다이어트에 백한 번째로 도전해본 것이다. 그렇게 호박죽만 먹고 누워 잠만 자는 동안 삼주 만에 오 킬로그램이 넘게 빠졌다. 애초에 체중이 많이 나가 그 정도 빠진 것은 눈에 띄지도 않을 정도였지만, 성형을 하고 얼굴에 입체감이라는 게 생기니 시너지 효과가 나는 것 같기도 했다.

그렇게 역경의 시간을 견디고 실밥을 푼 뒤 가장 처음으로 간 곳은 식당도, 카페도 아닌 인근 클럽이었다. 수술한 지 얼마 지나지 않아 술을 마실 수 없어 맨정신으로 버티다 곧 집으로 돌아오고 말았지만, 그때를 시작으로 술을 마실 수 있게 된 시점부터 몇 달 동안은 거의 매주 클럽을 찾았다.

대박 났다는 친구들 말로는 만족할 수 없었다. 나를 전혀 모르던 이들이 하는 바뀐 내 얼굴에 평가가 필요했다. 허리춤에 붙는 손들과 공짜 술들은 나도 평범한 여성, 정확히는 욕망의 대상임을 확인시켜줬다.

처음으로 클럽에 갔던 때가 무색하게 공짜 술에 익숙해지고, 무례하게 구는 남자들에게 짜증을 낼 수 있게 되자 더 이상 짧게 받는 관심으로는 어떤 감흥도 받을 수 없게 되었다. 더 확실한 '관심', 정확히는 '자극'이 필요했다. 그렇게 나는, 어느 순간부터 내게 관심을보인 남자 중 가장 잘생긴 남자에게 번호를 건네게되었다.

클럽에서 만난 남자들과 밖에서 만날 경우, 그들은 전부 뇌를 공유하고 있는 것처럼 비슷하게 행동했다. 약속을 잡고, 술을 마신다. 이상형을 묻고, 술에 취해 빨개진 내 볼을 만지고, 비틀거린 적이 없음에도 불구하고 담배를 피우러 나갈 때 괜한 부축을 하고, 자연스레 손을 잡고, 차가 끊겼다는 핑계로 방을 잡는다.

남자와 누워있다 할 일이 없어지면 인스타그램을 켰다.

> 오늘 제발 같이 술 마실 사람 어디 없냐? 오빠가 산다.
> 남자새끼들은 연락하면 죽여버린다 진짜

> 아 외롭다. 아무나 상관없으니까 여소(여자소개) 좀.

중학생 때 나를 향해 줘도 안 먹는다고 말했던 장난꾸러기들이 군대 휴가를 나와 올린 게시물들이었다. 그런 글을 볼 때면 나는 괜히 내 옆에 누운 남자의 얼굴을 쓰다듬었다. 내 동창생들보다 키도 얼굴도 몇 배는 레벨이 높을, 내가 고른 남자의 얼굴. 예쁘장한 남자의 얼굴을 바라보며 동창생들의 얼굴을 떠올리자 웃음이 비실비실 새어 나왔다. 아무도 모르는 싸움에서 나는 챔피언이었다.

그 무렵 내가 언제나 친구들에게 농담처럼 하던 말은 '걸레'가 되고 싶다는 것이었다. 여성의 성 해방이나, 주체적 섹스 같은 단어들로 포장한 적도 있다. 사실 따지고 보면 아주 아닌 것도 아니다. 나는 내가 '따먹고 싶거나', '먹기도 싫은 존재'로 평가 당하는 것을 넘어 나도 남자를 평가할 수 있다는 것을 증명하고 싶었다.

하지만 내가 해방감을 느끼거나 '주체성'을 드러낸 섹스는 결코 없었다. 그들이 내게 적극적으로 구애하는 것을 관람하는 순간이 가장 즐거웠다. 여전히 거절하는 법도 모르는 주제에, 마치 내게 선택권이 있기라도 한 것처럼.

그들에게만 특별히 허용하는 것처럼 명연기를 펼친 이후 벌어지는 일들은 모두 지루했다. 그들의 성기 크기는 제각기였지만, 앞서 말했듯 그들은 뇌를 공유하고 있는 것이 분명했다. 언제나 그들에 의해 시작된 섹스는 정해진 순서를 지켜 그들만의 만족과 함께 끝이 났다.

그 결과, 나는 오롯이 홀로 감당해내야 하는 임신과 성병이라는 재앙들을 예방하기 위해 정기적으로 산부인과에 찾아 검사 비용으로 생활비의 절반을 탕진했다. 쾌락도, 만족도 아닌, '괜찮은 남자들과 골라 자는 쿨한 여자' 역할 놀이에 대한 대가였다.

사실 같은 시기 나는 페미니즘 동아리 회장으로, 매일 같이 각종 토론회와 모임을 다니며 사회에 만연한 여성 성 상품화와 대상화의 문제점들에 관해 이야기하고 있었다. 여성 대상 불법 촬영을 규탄하며 혜화역에서 내 몸은 포르노가 아니라는 구호를 외치기도 했다. 모텔 방에 들어서면 제일 먼저 하는 일은 불법 촬영 위험을 제거하기 위해 상대방이 핸드폰을 끄게 하는 것이었으니까. 하지만 목소리를 드높여 여성에게 가혹한 이 사회를 규탄할 때도 그와 정확히 반대되는 불안한 질문들은 여전히 나를 떠나지 못했다.

내 몸은 포르노가 아니야. 내 몸은 포르노가 아닐까? 내 몸은 포르노가 될 수 없어? 내 몸은 포르노라도 됐으면 좋겠어.

그러다 그를 만났다. 그는 나와 몇 번 만나는 동안 말을 하는 대신 내 얘기를 듣기만 했고 나에게 어떤 호감 표시, 정확히 말하면 '꼴림'의 표시를 드러내지 않았다. 그러면서도 꾸준히 연락이 오고, 나를 보기 위해 한 시간 거리를 달려오는 그를 이해할 수 없었다.

'얘 나랑 진짜 친구 할 생각인가?'

항상 친구가 필요하다 말해왔지만, 남성이 나에게 어떤 성적 매력도 느끼지 않는다는 사실에 괜히 이 골이 났다.

'이 새끼 이성애자 아닌 거 아니야?'

어느 날 그와 함께 우리 집 근처 호프집에서 술을 마시던 나는 장난인 척(비유적 표현으로) 그의 옆구리를 찔러보았다. 그는 곧장 반응했다. 그는 확실한 이성애자 남성이었다. 돌하르방 같이 우둔한 줄만 알았던 그는, 나를 데리고 술집에서 나와 주어진 순서를 능숙하게 밟았다. 그가 숫총각일 거라고 속으로 어림짐작하고 만만하게 보던 나는, 계속해서 딱밤을 맞는 것처럼 작은 코를 다치고 있었다. 그리고 마침내 큰 코 다치기 일 초 전. 기대감에 부풀어 눈을 질끈 감았던 그때. 그가 거친 숨을 내뱉으며 말했다.

"우리 이러면 다신 못 보는 거지? 그럼 안 할래."

그 누구에게도 이후 관계에 관한 질문을 듣지 못했던 나는 아무 대답도 하지 못했고, 그와 나는 침묵 속에 옷을 주워 입은 뒤 머쓱하게 헤어졌다.

다음날 그는 머리에 왁스를 바르고 검은 재킷을 차려입은 채 우리 집 앞 카페로 찾아왔다. 항상 무미건조하던 그는 처음으로 코를 찌르는 향수 냄새를 풍기고 있었다.

"인주야 우리 무슨 사이야?"

"어?"

"너 나 가지고 노는 거야? 혹시 어장관리야? 나 같은 사람 몇 명이나 있어? 솔직하게 말해줘."

아슬아슬하게 친구 사이를 표방하고 있었지만, 선을 넘어버린 남녀의 진부한 대사. 고등학생 시절 나도 기억나지 않는 오빠들을 향해 같은 질문을 했던것 같은데, 내가 듣게 되는 날이 올 줄은 꿈에도 몰랐다. 그것도 남성에게.

그렇게 우리의 연애는 시작되었다. 함께 살며 의지하던 친구가 집에서 나가기로 한 시기이기도 했다. 무엇보다 처음으로 내가 좋다고 말하는 사람을 거절할 이유가 없었다. 나는 나의 첫 연애를 연애답게 하기 위해 최선을 다했다. 첫 정식 데이트 날, 처음으로 그의 손을 잡자 전에 그와 함께 침대에 있을 때는 아무렇지도 않던 심장이 터질 듯이 요동쳤다. 그 역시, 이전에 무뚝뚝했던 모습과 달리 이 연애에 사활을 건 것처럼 일 분 일 초도 놓치지 않고 애정 표현을 쏟아냈다. 심지어, 사귀고 얼마 되지 않고 있었던 빼빼로데이에 중학생이냐는 친구들의 놀림을 받으며 그에게 선물을 건네고, 그에게 직접 만든 빼빼로를 받아올 정도였으니. 이십 대 남성이 11월 11일에 사귄 지 삼 주가 막 지나는 나를 위해 과자를 굽고 초콜릿을 발라 빼빼로를 만들어 오다니. 항상 나보다 한술 더 뜬 그 덕분에, 분에 겨운 날들이 이어졌다.

하지만 연애를 시작하고, 그와 함께하는 미래를 꿈꾸게 되자 다른 게 보이기 시작했다. 그와 나는 백칠십 센티로 키가 같지만, 우리 사이에는 삼십 킬로그램의 차이가 있었다. 물론 내가 체중이 더 나가는 쪽이었다. 그뿐만 아니라 그는 나보다 손도 발도 작았다. 그가 커플 아이템 이야기를 꺼내면 나는 말을 넘겼다. 티셔츠를 맞춘다면 나는 XL, 그는 M. 운동화를 맞춘다면 나는 이백오십 미리, 그는 이백사십오 미리를 신을 테니까. 추위에 떠는 내게 그가 외투를 벗어 건네줘도 나는 걸치지 못하고 다리에만 덮었다.

  나도 다른 여자들이 그러하듯 내 옷보다 커다란

남자친구의 옷을 걸치고 긴 소매를 펄럭거려보고싶었다. 남자친구의 품에 폭 안겨보고 싶었고. 장난스레 남자친구의 등에 업혀도 보고 싶었다. 그가 남자치고 체구가 작은 편이긴 하지만 비슷하게 체구가 작은 여자를 만났다면 충분히 나올 수 있는 그림이었다. 백팔십팔 센치의 운동선수인 친오빠의 티셔츠가 딱 맞는 사람인 나로서는 쉽게 나올 수 없는 그림이었지만.

그와 길을 걸을 때면 같은 거리를 걷고 있는 커플들이 눈에 들어왔다. 비슷비슷하게 작은 체구의 커플. 남자가 뚱뚱하고 여자가 날씬한 커플. 마른 남자와 평범한 체형의 여자 커플. 많은 커플이보였지만 뚱뚱한 여자와 날씬한 남자 커플은 눈에 보이지 않았다. 가벼운 관계에서는 훌렁훌렁 쉽게 벗어지던 옷들이 그의 앞에서는 내 몸에 새겨진 듯 떨어지지 않았다.

그리하여 나는, 알몸을 보여 달라는 그의 말에 비련의 여주인공처럼 눈물을 흘려버리고 만 것이다. 뚝뚝 배 위로 떨어지는 눈물과 함께, 바닥에 툭툭 떨어지는 옷가지들. 침대에 걸터앉아 그 모습을 지켜보는 남자.

다행히도, 그는 내가 비련의 여주인공 역할에 더 깊게 이입하기 전에 벌떡 일어나 우는 나를 끌어안아주었고, 나는 그가 달래주는 동안 배에 닿는 딱딱한 감각을 확인하며 안심할 수 있었다.

맨살을 맞댄 우리는 가만히 안고 누워 서로의 등을 쓰다듬어 보았다. 그는 겨드랑이털이 많았다. 추운 날씨임에도 방금 목욕을 마친 사람처럼 몸이 따뜻했으며, 등은 오돌토돌한 좁쌀이 조금 만져졌지만 대체로 부드러웠다. 처음으로 그에게 내 몸을 드러내는 순간이자, 그를 피부로 감각하는 순간이었다.

그로부터 3년이 지난 지금, 그는 나를 포함해 전 인류 중 내 몸의 생김새에 대해 가장 잘 알고 있는 사람이 되었다. 스무살 때 당시 듣게 된 여성주의 성교육 워크숍의 숙제로 '나의 질 관찰하고 그려보기'가 주어졌다. 거울을 두고 꼼꼼히 들여다 보라고 했다. 나는 짐짓 경건한 마음으로 팬티를 내리고 거울 앞에 앉아 다리를 살짝 벌렸다. 검은 털들에 가려 정확히 보이지 않았다. 한숨을 쉬고 손을 댄 뒤 살짝 벌리자, 메두사라도 본 것처럼 자연스레 눈이 질끈 감겼다.

눈을 뜨기만 하면 되는데, 남의 성기를 볼 때는

아무런 감흥도 없었으면서 내 몸은 차마 마주하기가 두려웠다. 결국 나는 인터넷에 검색해 간략화된 이미지를 찾아 따라 그려갔다. 그 뒤로도 내가 본 나의 성기는 샤워할 때 가끔 위에서 내려다본, 북실거리는 검은 털 수세미일 뿐이다.

하지만 그런 나에게 그는 내 성기의 모양에 대해 가끔 자세하게 설명해줬다. 관계 중 내가 아프다고 말하면 다리 사이로 기어 들어와 내 성기를 유심히 관찰한 뒤 진지한 말투로 오른쪽 소음순이 조금 부었다고 말해주는 것은 흔한 일이었다. 뿐만 아니라 그는 내가 보지 못한 내 등의 점 위치를 알고 있다. 눈을 위로 치켜뜨면 흰자에 점이 있다는 것도 알고 있다. 내가 맛있는 음식을 먹을 때 콧노래를 부르며 몸을 씰룩거린다는 것도 발견해 주었다.

연애 초반 함께 외박할 때면 사십팔 시간 내내 방귀를 뀌지 못해 복통을 겪다가, 그와 헤어지자마자 길거리에서 방귀를 뀌어대던 나는 그 앞에서 내 방귀소리가 '뿍'인지 '뽁'인지 '뿌아앙'인지 맞춰보도록 퀴즈를 낸다. 둘만 남게 되면 제일 먼저 브래지어와 바지를 벗고 그것들이 내 몸에 남긴 붉은 자국을 보이며 칭얼거린다. 그는 과식으로 빵빵하게 부푼 내 배에 입을 맞추며 촉감이 좋다고 한다. 다이어트 후유증으로 축 늘어진 팔뚝 살가죽을 만지며 말랑해서 신기하다고 한다. 그는 부푼 배와 축 처진 팔뚝 살가죽이 아름답다고 거짓말하지 않는다. 내가 살이 쪄서 투덜거릴 때도, 살이 빠져서 기뻐할 때도 '그렇구나'라는 단조로운 대답과 함께 내 몸 곳곳을 감각할 뿐이다.

그러면서 우리 사이의 삼십 킬로그램 거리는 사라졌다. 내가 다이어트를 하는 동안 그는 데이트마다 나와 함께 샐러드 가게를 다니고 밀가루 없이 고구마를 이용해 만든 다이어트 빵을 구워 왔다. 내가 폭식증이 터졌을 때는 혼자 먹기 싫어하는 나와 함께 내가 먹는 음식을 나누어 먹고, 복통으로 괴로워할 때면 구토하는 나의 등을 두드려 주었다. 그는 나에 대해 걱정했지만, 쉽게 말하지 않았다. 그 대신 정성스레 나를 돌보았다.

그 기간동안 나는 작고 그는 컸으면 좋겠다는 바람에 맞게, 그는 살과 근육을 찌워 십 킬로그램 가량을 증량했고 나는 삼십 킬로그램을 감량했다가

십 킬로그램을 요요로 얻었다. 나보다 그의 몸무게가 더 나갔던 것은 반년 가량이지만, 결과적으로 그가 십 킬로그램을 증량하고 나는 이십 킬로그램을 감량하여 우리 사이의 삼십 킬로그램을 타파해 낸 것이다. 하지만 이는 나의 몸을 수치심 없이 그앞에 보이게 된 것과 별개의 일이다. 우리 사이의 킬로그램과 상관없이 그는 언제나 내 몸 곳곳에 입을 맞췄으므로.

여자는 스물다섯 살까지가 잘 '팔리고' 그 이후로는 인기가 없는 크리스마스 케이크라는 말이 얼마나 멍청하고 역겨운지 알고 있지만(고등학생 때도 '산삼보다 고삼'이 얼마나 더러운 말인지 잘 알고 있었다), 그 말에 따르면 나는 현재 가장 비싸고 앞으로 '팔리지' 않을 일만 남은, 빛나는 '스물다섯' 시기를 그와 함께 보내고 있는 것이었다.

이렇게 내 몸을 지긋지긋하게 미워하던 나도, 이제는 내 몸을 있는 그대로 받아들일 수 있게 되었다고, 그러니 여러분도 당신들의 몸을 받아들이라고 할 수 있다면, 사랑도 한번 해보라고 말할 수 있다면 얼마나 좋을까.

나는 여전히 입술 필러를 맞고 싶고, 피부과 시술을 통해 넙데데한 얼굴을 줄이고 싶다. 보정 어플 없이는 사진을 찍지 않고, 부해 보이는 것이 싫어 박스티는 자주 입지 않는다. 아주 잠깐 내가 보통 체중에 편입했던 시기 사진을 보면 굶고 싶고, 내 인생 대부분을 차지했던 고도비만 시기 사진을 볼 땐 이만하면 됐다고 생각한다.

이처럼 나는 여전하지만, 여전하지 않은 것도 있다. 지금까지 내 인생을 지배해온 '내가 꼴리는 존재'인지에 대한 의문이 사라졌다. 아니, 사실 사라지지는 않았다.

사실 내가 말할 수 있는 것은, 이 질문이 내 삶에서 차지하고 있는 부피가 과거에 비해 확연히 줄어들었다는 점뿐이다. 하지만 이 또한 오롯이 나 스스로 이뤄낸 결과가 아닌 타인에게, 그것도 한 명에게 기대어 잠시 꾹꾹 눌러 넣어둔 것임을 알고 있기에 당당히 말할 수는 없다. 댐에 난 구멍을 잠시 테이프로 덕지덕지 막아놓은 정도이겠지. 그러나 어쩌겠는가, 이것이 내 속도인 것을. 아무리 임시방편이라고 해도 없는 것보다는 낫겠지.

그래. 나는 아직도 내 '수치심'이라는 구멍의 크기를 재고, 적당한 재료를 찾아, 잘 메워낼 완벽한 방법을 찾지 못했다. 그저 지금 내게로 물이 쏟아지지 않게 막아주고 있는, '타인의 애정'은 임시방편일 뿐이라는 것을 잊지 않고, 언젠가 튼튼한 시멘트로 수치심의 구멍을 메꿔내는 것을 목표로 느리게나마 연습하고 있을 뿐이다.

내가 언제가 되었든 그와 헤어진다면 이 글은 영영 어디에도 들키고 싶지 않은 치부로 남게 될 것이다. 아니, 그의 이야기를 차치하고서라도 어린 여자가 끊임없이 자신의 '섹스'에 대해 말한다는 사실만으로도 누군가는 문란하다고 욕할 수 있다. 그럼에도 불구하고 나는 이 이야기를 하지 않을 수 없다.

이것이 한때 나의 삶을 지배해왔던, 그리고 사멸해갈 수치심의 역사이므로.

2장. 사랑을 사랑하지 않는 법을 몰라서

愛정기

 청소년기, 친구들과 목욕탕에 놀러갈 때 저는 가장 먼저 옷을 훌렁 벗어 던지는 쪽이었습니다. 거침없이 옷가지들을 벗어 던지는 저를 따라 친구들이 수줍게 주춤거리며 옷을 하나씩 벗으면, 전 알몸으로 당당하게 서서 낄낄거리며 친구들의 몸을 바라보았습니다. 납작한 가슴은 아담한 게 앙증맞은 맛이 있었고 출렁거리는 가슴은 거대한 찹쌀떡처럼 말랑거려 보였어요. 엉덩이도 마찬가지입니다. 작으면 작은 대로 귀여워서 좋고, 커다라면 커다란 대로 섹시합니다.

 하지만 저는 친구들의 알몸을 눈으로 훑을 때도, 친구들과 서로를 '미친년', '쌍년'이라고 부르며 서로의 교복 치마를 들어 올릴 때도, 눈을 감고 손가락을 뻗어 교복 위로 서로의 젖꼭지 위치를 맞추는 게임을 할 때도. 얼굴이 붉어지거나 가슴이 쿵쾅거리지 않았습니다. 짓궂은 장난에 돌아오는 친구들의 격한 반응이 즐거웠던 것뿐 별다른 감흥이 느껴지지는 않았거든요.

그럼에도 불구하고, 제가 스무살이 되자마자 가장 먼저 한 일은 핸드폰에 레즈비언 데이팅 어플을 다운받는 일이었습니다. 사랑받고 싶었거든요. 지구상 그 누구라도, 나를 사랑해준다면 더 큰 사랑을 해 버릴 자신이 있었어요.

학교에 다닐 때, 살덩이에 숨겨진 내 매력을 알아봐 주는 이들은 항상 여자인 친구들이었습니다. 내가 숨만 쉬어도 온갖 이유를 붙여 욕을 하는 또래 남자애들이나, 나의 교복에 환호하는 성인 남자들과 달리, 여자인 친구들 앞에서는 내가 어떻게 보이는지에 대해 생각하지 않을 수 있었습니다. 친구들은 내가 신이 날 때 홀로 벌떡 일어나 춤을 추거나, 칭찬을 들었을 때 머쓱한 마음에 말도 안 되는 애교를 부리며 과한 리액션을 선보일 때마다 귀엽다며 환호해 주었습니다. 제 '쿨'한 성격이 어디가 어떻게 좋은지, 섬세한 '취향'이 어디가 멋져 보이는지, 친히 하나씩 알려주며 '내가 남자였으면 너랑 사귀었을 거'라 말했습니다. 덕분에 저는 제가 남자라면 여자들에게 쉽게 사랑받을 수 있었을 텐데. 멍청하고, 웃기지도 않고, 싼 티가 나는 너희들의 남자친구보다, 내가 백 배는 괜찮은 연애 상대일 텐데 라는 생각을 곱씹으며 살아갔습니다.

하지만 남자가 되기에는, 저는 여성성을 너무나 사랑했습니다. 짙은 화장과 긴 머리칼, 출렁거리는 가슴, 살랑거리는 스커트가 너무 좋았어요.

그렇게 고심 끝에 찾은 답이 '여성애'였습니다. 굳이 남자가 되지 않아도, 나의 매력을 알아봐 줄 존재에게 사랑받을 수 있을 방법을 찾아낸 것이죠.

저 또한 나에게 관심을 보이는 이가 여자라면, 어떤 질문도, 의구심도, 두려움도 없이, 기꺼이 사랑해 버릴 것 같다는 확신이 있었어요. 여자를 만난다면, 그녀가 나를 '먹고 버릴'까 봐 걱정하거나, 내 사진을 찍어 친구들에게 보여주며 나를 욕한다든가 할 것이라는 두려움 없이, 그녀의 매력 하나하나를 발견하고 음미하기만 하면 될 것 같았거든요.

가벼운 설렘과 두려움을 안고 어플을 깔고 나이와 지역을 입력하자 분홍색 메시지 창이 하나 떴습니다.

나는 레즈비언입니다 ☐

체크 박스를 터치하자 눈앞에 핑크빛으로 가득한 세상이 펼쳐졌습니다. 수없이 많은 여자들이 어떻게든 자신의 목적에 부합한 다른 여자를 찾기 위해 몸부림치는 게시글들이 쏟아졌어요. 스크롤을 아무리 내려도 글은 끊이지 않았습니다. 저는 몇 시간 동안 그들의 애달픈 게시물을 염탐하며 처음 본 낯선 용어들의 뜻을 하나씩 찾아 글들을 독해해 나가기 시작했습니다.

※ 레즈비언 필수 단어

팸	대개 수동적인 성향이 강한 쪽. 은어: 한글자.		
부치	대개 리드하는 성향이 강한 쪽. 은어: 두글자.		
무성향	팸, 부치에 속하지 않는 사람. 은어: 세글자.		
티부	스타일이 보이쉬하여 레즈비언임이 티가 나는 부치.		
일스	일반스타일의 줄임말. 겉보기에 레즈인 것이 티가 나지 않는사람.		
머짧	짧은 머리.	긴머	긴 머리.

※ 실전, 레즈비언 독해 예문

번호	기본 정보	게시글
1	23살. 서울	단머팸. 미대생. 자기관리 하시는 마른 분 찾아요. 티나는 분은 죄송합니다.
2	24살 서울	167 두글. 잘생기진 않았지만 못나지도 않았어요. 내일 달달한 데이트할 고양이상 팸 어디 없나
3	28살 부산	일스 (긴머.유쌍) 통뚱x 꾸밀줄 아는 분만. 사진 교환하고 맘 맞으면 만나요
4	23살 경기	사심으로 알아갈 사람? 외적인 거는 보통~마름에 단발이상인거 말고는 없는데 나머지는 대화로 알아가자! 난 머쨟 보통~마름

 게시글을 탐색한 결과. 어플에서 기본적으로 제공하는 나이와 지역 정보를 제외하고, 레즈비언들 소개 글 양식은 몇 가지로 정해져 있었습니다. 일반적으로는 자신의 머리 길이와, 성향(팸, 부치)을 밝힙니다. 추가로 자신을 설명할 수 있는 몇 가지 키워드와 (외모, 키, 전공, 취미, 타투 여부, 피어싱 여부, 직장 유무, 취미) 이상형을 적습니다. 저는 이 문법에 따라, 몸부림의 대열에 참가하기로 결심하고 고심 끝에 한 문장을 적어 올렸습니다.

> 20살. 서울. 단발머리. 탈색. 뚱뚱.
> 부담없이 편하게 만나서 수다나 떠실 분

분명 게시글은 올라갔는데, 한 시간이 지나도록 메시지는 도착하지 않았습니다. 게시글과 상관없이 랜덤으로 날아오는 쪽지에, '뚱뚱'이라는 단어를 언급해 답장을 날리면 어김없이 쪽지는 삭제되고 말았죠. 아무래도 저 단어를 빼야 할 것 같긴 한데, 혹여나 밝히지 않고 만났다가, 실제로 눈앞에서 누군가의 실망한 표정을 마주해야 할까 두려워 그렇게 하지 못했어요. 아, 나는 기꺼이 사랑할 준비가 되어 있는데, 말 한마디 나눌 상대 찾기조차 이리도 힘들다니. 포기하고 싶은 마음을 누르고 혹시나 말 붙일 만한 상대가 있을까 끊임없이 업데이트되는 게시판을 확인하던 중 한 게시글이 눈에 들어왔습니다.

> 〈 20살. 서울. 인디음악 좋아하고, 문학 좋아해요.
> 취향 맞으면 이거저거 재지 말고 만나서 얘기나 해요. 〉

다음 날 그녀와 저는 홍대의 한 카페에서 만났습니다. 그녀는 저와 비슷하게 덩치가 있는 편이었지만 저보다는 왜소한 편이었고, 갈색 양갈래 머리를 길게 땋은 채 잔꽃 무늬 원피스가 총총 박혀 있는 원피스를 입고 있었는데, 그 모습이 알프스 소녀 하이디 같아 꽤 귀여웠어요. 그녀는 미대생이었습니다. 지방에서 올라와 홀로 서울에서 자취 중이고, 이러한 만남은 꽤나 익숙한 듯 보였어요.

"인주님은 어떤 음악 좋아하세요."
"저 김사월 좋아하고. 이랑 좋아하고. 요즘은 보수동 쿨러나 신해경도 좋더라고요."
"아. 다 너무 좋죠. 공연도 자주 보러 가세요?"
"네. 종종 다녀요. 얼마 전에 신해경 쇼케이스 보고 왔어요."
"헐 저도 그거 갔었는데. 지난주 토요일에. 우리 같은 공간에 있었겠네요. 다음에 같이 공연 보러 가면 좋겠다."

그녀는 좋아하는 시에 관해 이야기하는 내 모습이 멋지다고 했습니다. 흘러가는 노랫말 하나하나를 음미하고 곱씹는 내 시선이 특별하다고 했습니다.
그녀의 웃음 한 번에 그녀와 손을 잡고 거리를 거닐며 나눌 소박한 데이트들과, 서로의 도톰한 손가락에 끼워줄 반지와 커플로 맞출 넉넉한 사이즈의 커플티 들이 스쳐 갔습니다.

학교에서 제일 예쁘다고 소문난 친구들과 서로의 가슴을 움켜쥘 때도 잠잠하기만 하던 제 심장이 그녀의 미소 한 방에 쿵쾅거리기 시작했습니다.

첫 만남 이후 그녀와 몇 번 만남이 더 있었습니다. 그동안 그녀는 조심스레 제게 팔짱을 꼈다가 깍지를 잡았고, 맥주를 마시고 빨개진 볼로 제 어깨에 기대거나, 저에게 시집과 귀여운 스티커를 선물해 주기도 했어요.

다섯 번째로 그녀를 만난 날. 우리는 팔짱을 끼고 어느 술집에 도착했습니다. 술이 약한 그녀는 그날도 고작 맥주 한 병에 고개를 좌우로 기우뚱거리다 입을 열었지요.

"저는 인주씨를 알게 돼서 너~무 좋아요."
"저도 좋아요."
"진짜, 인주씨랑 계속 이렇게 보고 싶었는데. 너무 아쉽다."
"아쉽다고요? 왜요?"
"저, 다음 주에 부산으로 이사 가요."
"네?"

"그냥. 인간 관계가 다 지쳐서요. 서울 오면 꼭 연락할게요."

그녀는 그 뒤로 제게 간간히 바다 사진을 보내왔고 그때마다 저는 그녀 사진에 '우와! 멋지네요. 좋아보여요.ㅎㅎ' '잘 지내요?' 하는 답장을 보내며 짧은 대화를 이어 나갔습니다. 그러다 어느 날 그녀의 프로필 사진에 어느 여자와 다정하게 찍은 사진이 올라온 것을 마주한 뒤, 그녀를 영영 제 가슴 속에서 떠나보내게 되었지요.

그렇게 그녀는 황망하게 떠나갔지만, 용기가 생겼습니다. 역시 여자만이 저를 있는 그대로 온전히 사랑해 줄 존재 같았어요. 저는 그녀와 함께 했던 경험을 떠올리며 매일 같이 어플 화면만을 뚫어져라 바라보았습니다. 한 번만 더 내게도 기회가 주어진다면, 이번엔 기필코 놓치지 않을 텐데.

하지만 쉽지 않았어요. 남자를 만날 때는 살이 쪘어도 가슴이 크다는 사실 만으로도 어느 정도 어필을 할 수 있었는데 많은 수의 레즈들은 '마르고', '잘 꾸미고', '티 나지 않고', '예쁜', '고양이상'만을 울부짖고 있었거든요.

그나마 가능성을 걸어볼 만한 것은 그녀와 그랬듯 '예술에 관심이 있고', '마이너한 취향'을 가진 이들과 당신만 알고 있는 그 밴드, 그 음악, 그 작가, 그 영화, 나도 알고 있다는 내용의 대화를 이어 나가는 것이었지요. 실제로 이 방법으로 꽤 많은 만남을 성사했습니다.

그들은 만나서도 쉽게 제게 호감을 느꼈고, '너를 알게 되어 기쁘다'는 이야기도 심심치 않게 들었습니다. 하지만 그들은 제가 얼마나 소중하고 특별한지에 관해 이야기하는 동시에, 자신의 썸녀와 있었던 일을 이야기했습니다. 그럴 때마다 저는 속으로 소리쳤죠.

'내가 그렇게 좋은데, 왜 나랑 안 사귀어줘?!'

연애를 하고 싶다는 제 말에, 어플에서 만나 '친구가 되어버린' 수십 명의 레즈비언들은, 모두가 입을 모아 '자신에게 대하듯 편하게 친구로 다가가지 말고, 적당히 선을 유지하며 야릇한 텐션감을 이어 나가'라는 조언을 했습니다. 제 손톱이 길게 자란 것부터가 기본자세가 되어있지 않다는 꾸중도 함께요.

그렇죠. 남자들은 여자를 자동으로 연애 대상으로 인식하지만 여자 사람 친구들이 수두룩 빽빽한 레즈비언들에게 연애 대상으로 인식되기 위해서는 적당한 밀당 스킬이 필요했습니다.

하지만, 자신이 없었습니다. 통계를 내보지는 않았지만, 커뮤니티에 올라오는 게시물들과 주위 레즈들에게 물어본 바에 따라 레즈 사회 인기 순위를 어림짐작해보자면,

공동 1등. 예쁜 팸과 잘생긴 부치.

2등. 평범한 팸과 부치.

3등. 키작은 부치와 살찐 부치.

그리고 마지막 꼴찌가 바로 나와 같은 '뚱 팸'이었으니까요.

처음부터 성애적인 목적을 띠고, '소개팅'을 하듯 다가간다면, 상대가 부담을 느끼고 멀리 멀리 도망가버릴까 두려웠습니다. 그 때문에 친구처럼 편안하게 다가가, 어느새 서서히 서로에게 빠져드는 상황을 꿈꾸었지만, 매번 '인주는 안 지 얼마 되지도 않았는데 오랫동안 알던 친구 같다'라는 말만 들었지요. '이성이었으면 당장 사귀고 싶다'라는 학교 친구들의 말을 믿고 나를 사랑해줄 '레즈'들을 찾아 이곳까지 흘러왔음에도, 제 역할은 언제나 똑같이 '왜 남들이 알아봐 주지 못할까 안타까운 친구'였습니다.

그렇게 내가 괜찮으면 지들이 사귀어 줄 것이지. 남들에게 애 좀 데려가라고 미루기만 하는 여자들이 얄미웠습니다. 알아요. 저는 '좋은 사람'이지, '사귀고 싶은 상대'는 아니라는 것을.

어플을 하고 여자들을 만날수록, 이성애건 동성애건 성애가 존재하는 한, 어디든 비슷비슷하다는 것을, 여자들이라고 나를 알아봐 줄 것이라는 착각은 말도 안 되는 망상에 불과하다는 것을, 온몸으로 깨달아 갔습니다.

그럼에도 불구하고, 저는 여자들을 만나는 것을 멈추지 못했습니다. 정신을 차려보니 언제인지도 모르게, 여자들의 나직하거나 발랄한 목소리와, 좁은 어깨와, 말랑거리는 살에 흠뻑 빠져버렸기 때문입니다. 섬세하게 움직이는 손가락과 은은하게 풍기는 향기와 부드러운 피부를 사랑하게 되어버렸기 때문입니다. 인기가 있을 것이란 오만방자한 자만심은 박살 난 지 오래였지만, 이미 여성, 정확히는 레즈비언들에게 매료되어버린 저는 '여성애'의 세계에서 헤어 나올 수 없었습니다.

때문에 저는 이전의 허무맹랑한 기대들은 버리고, 새로 태어나기로 결심했습니다. 그들이 나를 알아

보기를 기다리는 대신, 내가 먼저 그들 취향에 맞게 바뀌기로 한 것이지요.

우선, 많은 레즈비언들이 선호하는 레즈비언 티가 나지 않는, '일스(일반인 스타일)'가 되기위해 파랗던 머리를 검게 물들였습니다. 종종 친구들이 제 파란 머리를 보고 영화 <가장 따뜻한 색, 블루>가 떠올라 과하게 '퀴어스럽다'며 놀리곤 했었거든요.

정신없이 요란하던 빈티지 옷들은 잠시 내려두기로 했습니다. 대신 적당히 세련되고 적당히 유행인 옷들을 사들였죠. 번화가를 지나면 흔히 볼 수 있는, 인터넷 쇼핑몰 판매 랭킹 순위 탑 텐 안에 들어가는 그런 '일반스러운' 옷들 말이에요.

다음으로는 레즈들이 울부짖는 '눈꼬리가 올라간 고양이 상 팸'에 부합하기 위해 아이라인을 길게 올려 그렸습니다. 몇몇 친구들은, 그렇게 '팔리고' 싶다면 머리를 짧게 자르고 큰 덩치와 순한 인상을 활용해 대형견 티부로 어필해 보라고 이야기하기도 했었지만, 죽어도 긴 머리와 치마는 포기하고 싶지 않았거든요.

마지막으로는, 손톱을 바싹 짧게 잘랐습니다. 그녀와 만날 때는 언제 무슨 상황이 생길지 모른다는 기대로, 항상 바싹 깎여 핑크색만 가득했던 손톱은 그녀와 멀어진 이후 길게 자라 핑크 앤 화이트 투톤 컬러를 자랑하고 있었거든요.

바뀌어져 가는 거울 속 제 모습을 볼 때마다, 파란 머리에, 요란한 각설이 차림을 하고 있어도, 저를 연애 상대로 보고 다가와 주었던 그녀가 그리워졌습니다.

그 전에 내 어깨에 머리를 기댔을 때, 은근슬쩍 내 손을 꼭 잡았을 때, 뭐라도 한번 해 볼 걸.

그러던 어느 날, 연애 상담을 위해 줄 서 있는 친구들의 메시지를 무시하고 누워서 어플을 들여다 보고 있던 찰나, 하나의 메시지가 눈앞에 나타났습니다.

**서울. 26살. 신논현에서 스킨쉽 하실 분
전 통통한 편 상대는 상관없음**

정신을 차려보니 저는, 어느새 답장을 보내고 있었습니다. 백 명의 레즈비언 친구들 대신, '여자에게 여자로 보이는 경험'이 더 필요했거든요. 레즈비언 야동을 본 경험은 있었지만, 실제로 한다면 어떨지 가늠조차 되지 않았습니다. 내 아랫도리도 제대로 보지 못했는데 남의 여자 아랫도리에 고개를 처박는다는 게 가능하기나 할지, 혹시나 헛구역질하지 않을지 겁이 났어요. 그럼에도 한 번쯤은 부딪혀 보고 싶었습니다.

우리는 짧은 통화로 신원 확인을 마친 뒤, 신논현역에 있는 한 모텔에서 만났습니다.

짧은 숏컷 머리 그녀는 흰 티셔츠에 검은 슬랙스를 입고 있어 당장 출근해도 아무런 지장이 없을 것 같아 보였습니다. 그녀의 단정한 차림새를 확인한 저는 풀어 헤친 블라우스 단추 사이로 드러낸 가슴골을 황급히 가렸지요. 모텔방에 들어간 그녀는 익숙한 듯 침대 위에 누워 제게 맥주 한 캔을 건넸습니다. 숨 막히는 어색함에 제가 그녀가 건넨 맥주를 정신없이 들이켜는 동안 그녀는 아무 말도 하지 않고 저를 가만 바라보기만 했죠. 제가 맥주 한 캔을 다 비우자 그녀는 기다렸다는 듯, 제게 다가왔습니다.

양쪽으로 벌어진 가슴을 가운데로 꽉꽉 모아줬던 코르셋 브래지어가 순식간에 바닥으로 내동댕이쳐지는 것을 시작으로, 그토록 기다리던 레즈섹스가 시작되었습니다. 헉헉거리는 숨소리, 들뜬 열기, 껌뻑거리는 긴 속눈썹, 가슴 위에 올려진 자그마한 손, 그리고 손가락의 리드미컬한 움직임.

그녀에게 항복을 고하고 잠시 눈을 감고 있자 이내 제 차례가 돌아왔습니다.

드디어 실전의 순간, 긴장 속에서 쿵쿵거리는 심장 박동 소리가 머리에 울렸습니다. 처음 만져본 내가 아닌 다른 여자의 맨 가슴은 말랑하고 부드러웠어요. 꼭 슬라임 같아서 한참이나 그녀의 가슴을 만지작 거렸습니다. 남자의 것보다는 조금 더 커다란 그녀의 젖꼭지를 튕기거나 꼬집으며 구경하다 보니 그녀의 숨소리가 거칠어지는 것이 느껴졌습니다.

지금이다. 저는 긴장되는 마음에 침을 한 번 삼키고는 처음 라면을 끓이는 사람처럼 그녀가 나에게 했던 애무의 순서를 떠올리며 하나씩 차근차근 실행해 나갔습니다.

처음 눈앞에서 마주하는 여자의 성기는 낯설긴 했지만, 이상하지는 않았어요. 다행히, 제 테크닉도 별다른 문제를 일으키진 않았습니다. 그녀를 만나러 가는 길 미리 '레즈 섹스 꿀팁' 게시물에서 예습한 대로 손가락을 약간 굽히고, 팔목의 스냅이 아닌 어깨를 이용해 열심히 움직이자 그녀는 만족스러운 듯한 반응을 보였습니다.

하지만 진짜 문제는 여기서부터였습니다. 남자와 하는 섹스랑은 달리 온전히 받는 쪽이 만족하는 순간에만 끝이 나는 레즈 섹스의 장점은, 아무런 준비도 없이, 무작정 뛰어든 제게 감당할 수 없는 시련으로 다가왔습니다. 그녀가 '그만'이라고 외친다면 언제든 움직임을 멈출 준비가 되어 있는데, 그녀는 교태 어린 신음만을 내뱉을 뿐 다른 말은 내뱉지 않았어요. 리드미컬한 그녀의 탄성 소리에 맞춰 제 입에서도 순도 100% 신음소리가 삐질 새어나왔습니다. 제발. 언니 제발. 그녀에게 핑거링을 받을 때도 나오지 않던 에로틱한 대사들이 입에서 튀어나올 것만 같았습니다. 레즈 친구들과 모여 팔씨름했을 때 정정한 부치를 제치고 다섯 명 중 이등을 한 저였건만 도저히 더 이상 견디기가 힘들었습니다.

다행이도 제가 도망치기 전, 그녀는 항복했고, 저는 고생 끝에 찾아온 달콤한 휴식을 즐길 수 있었습니다. 그러나 그것도 잠시뿐, 저에게는 더 큰 시련이 찾아왔죠.

그녀는 제 몸을 일으켜 앉히고는 제 위에 걸터앉았습니다. 그리고 제 왼 다리 위에 자신의 왼 다리를 올리고, 자신의 오른 다리 위에 제 오른 다리를 올리고는 몸을 가까이 붙인 뒤 팔을 뻗어 제 손을 잡았습니다. 그녀가 무엇을 하고 있는지도 모른 채 그녀가 하란 대로 다리를 올리고 내리던 저는 마침내, 완성된 자세를 보고 탄식할 수밖에 없었습니다.

전설의 체위. '가위 치기'였습니다. 가위 치기라면, 레즈비언 영화에선 언제나 등장하지만 실제로 그 체위로 섹스해본 레즈들은 많지 않기 때문에 (혹은 말하지 않기 때문에) 언제나 놀림감으로 사용되던 바로 그 동작이었지요. 그녀는 정말 무엇이 느껴지기라도 하는지 아랫도리를 열심히 비비고 있었습니다. 하지만, 제게 느껴지는 감각은 억센 털 수세미로 아랫도리를 벅벅 문지르는 것 같은 애매한 느낌과 강제로 다리 찢기를 하게 된 탓에 허벅지 안쪽에서 올라오는 통증, 그리고 어마무시한 자괴감이 들 뿐이었지요.

그렇게 저의 첫 레즈 섹스는 오른팔과 허벅지에 근육통과 자괴감을 남기고, 막을 내렸습니다. (후에 친구들에게 가위 치기를 하기 전 브라질리언 왁싱은 필수라는 사실을 배웠지만, 이미 기회는 흘러간 뒤였습니다.)

하지만 돌아오는 길, 이상하게도 따끈하게 달아오른 얼굴이 가라앉을 기미가 보이지 않았습니다. 여자의 부드러운 살결을 음미하고, 몸의 곡선을 마음껏 탐하던 순간이 끊임없이 머릿속에서 리플레이되고 있었기 때문입니다.

이후에도 저에게 여자와 썸을 타거나, 섹스하는 일은 생겼지만, 안타깝게도 저는 여자와 연애해 보지도, 미친 듯한 사랑에 빠져보지도 못했습니다.

레즈든 일반이든 성애가 끼어들면 어디나 비슷하다는 것을 뻔히 알면서, 매번 비슷한 취향을 가진 사람과 만나 비슷한 대화를 나누고 비슷한 이유로 멀어지면서, 매번 오른팔 근육통으로 골골거리기나 하면서, 왜 저는 매번 같은 실수를 반복하고 같은 후회를 반복하는 것일까요.

여성과의 경험을 글로 쓰기 시작한 이후로, 누군가가 저에게 말했습니다. 당신은 퀴어가 맞냐고요. 아니 레즈비언은커녕 '바이(양성애자)'가 맞기나 하냐고요. 남자친구랑 사귀고 있으면서. 남자를 그렇게 많이 만났다면서. 왜 굳이 '퀴어성'을 뺏으러 드냐고요. 제가 '퀴어 당사자'로서 경험을 이야기하고 있는 것인지, '이성애자'가 '감히 아는 척'하는 것인지가 윤리의 당위성으로 작용하게 되었기 때문입니다.

이성애자 남자들은 제가 '바이'라는 사실을 말하면 눈을 반짝이며 여자랑도 자 봤는지 묻습니다. 여자랑 했을 때 더 좋은지 남자랑 했을 때 더 좋은지. 여자 애인과 남자 애인을 동시에 두고 있거나, 섹스할 때 쓰리썸을 즐기는지 묻기도 합니다.

레즈비언들은 제가 '바이'라는 사실을 말하면 니가 여자를 보고 '성욕'을 느낀 경험은 있는지, 여자와 연애해 본 경험은 있는지 묻습니다. 진심으로 여자를 사랑한 적은 있는지, 남자가 너무 싫어서 대체제로 여자를 만나는 것은 아닌지 묻습니다.

한때는 이름 붙이기에 열을 불태우던 시기가 있습니다. 저에게 꼭 맞는 단어를 찾아 이름 붙이고 그 이름을 토대로 사랑받고 싶었으니까요.

학창 시절, 나를 원해주는 성인 남자들을 만나던 저에게 세상이 붙여준 정체성은 '이성애자'였습니다.

이십대 초반, 여자들에게 사랑받기 위해 애쓰던

제게 친구들이 붙여준 정체성은 '레즈'였습니다.

그리고 한창 레즈비언 생활을 즐기던 중, 내가 좋다고 나타난 사람이 남자였던 순간. 저는 '바이'라는 정체성을 얻게 되었죠.

하지만 돌이켜 보면, 어느 하나 꼭 맞는 이름이 없습니다.

이성애자라기엔 여자가 너무 좋았고, 레즈비언이라기엔 남자에게 내가 매력적으로 보이는지를 끊임없이 신경 썼어요.

바이가 그나마 가장 비슷한 이름이라 가장 많이 사용해 왔긴 하지만, 그것도 꼭 맞는 이름은 아니었습니다. 여자와 연애 0번, 남자와 연애 1번이라는 현재 스코어가 덧붙여지면, '남자만 좋아하지만 그 사실을 부정하고 싶은 이성애자', 혹은 '특이해지고 싶은 이성애자'로 여겨져, 여성을 향한 제 진심이 의심받는 경우가 많아 쓰기 꺼려지곤 했어요.

그래서 저는, 제게 새로운 이름을 붙이기로 했습니다.

저는 '니가 나 좋다면 나도 너 좋아' 섹슈얼.

줄여서, '니좋나좋'섹슈얼입니다.

니좋나좋 섹슈얼은, 자기를 좋아하는 사람에게 끌림을 느끼는 섹슈얼을 말합니다.

 남자를 남자로서 사랑하고, 여자를 여자로서 사랑하는 '바이섹슈얼(양성애)'나, 성별과 관계없이 사람에게 끌림을 느끼는 '판 섹슈얼(범성애)'하고도 다릅니다.

 '니좋나좋' 섹슈얼은 내가 좋다는 사람한테 끌림을 느낍니다. 그리고 상대에 따라, 특정 성별의 정체성이 두드러지게 나타나는 상대의 경우 (예를 들어 몸이 우락부락한 남자, 긴 생머리를 가진 여자) 상대의 '여성성'이나 '남성성'을 의식하며 사랑하기도 하고, 어떤 경우에는 그냥 '사람' 자체에 끌림을 느끼기도 합니다. 쓸데없는 설명이 많네요. 말 그대로, 나 좋다는 사람 나도 좋다. 이게 핵심입니다.

 저는 일반도 이반도 아닌 '니좋나좋' 섹슈얼입니다. 니좋나좋 섹슈얼을 가진 제 목표는, 이 이상성욕에서 벗어나는 것. 즉 탈 니좋나좋 해서, 내가 좋다는 사람을 좋아하는 것 대신, 내가 먼저 끌리는 강렬한 사랑을 경험해 보는 것이 목표입니다. 하지만 시간이 좀 걸릴 듯하네요.

그래서 저는, '퀴어'로서가 아닌, '니좋나좋' 섹슈얼로서 이야기해보기로 했습니다.

과연 저는 탈 니좋나좋 할 수 있을까요?
가능성을 가늠하기 이전에, 덜컥 먼저 사랑하고 보는 용기를 가질 수 있을까요?

레즈실격

부끄럼 많은 생애를 보냈습니다.
저는 레즈비언의 삶이라는 것을 도무지 이해할 수 없습니다.

삼성역 한 비즈니스 호텔 방의 문을 열자 좁고 깔끔한 트윈 베드의 방안에 일곱 명의 여자가 빽빽하게 둘러 앉아 담배를 피우고 있었습니다. 연구원으로 재직 중이라던 남자와 한강에서 소개팅을 마친 뒤 그의 차를 타고 '방술 번개'에 도착한 참이었지요.

"저, 여기 금연 아니에요?"
"괜찮아요. 여기 이 언니가 책임지기로 했어요."

탈색모의 숏컷 여자가 침대 위에 걸터앉은 여자를 가리키며 말했습니다. 그 여자는 한 손에는 담배를 들고 다른 한 손에 든 종이컵에 침을 뱉고 있었지요. 전 자리에 멀뚱히 서서 잠시 고민하다 그녀들 사이에 엉거주춤 엉덩이를 들이밀고 앉았고, 엉덩이가 침대에 닿기 무섭게 제 손에는 술이 가득 따라진 종이컵이 쥐어졌습니다.

이야기에 앞서 외로움에 사무쳐 이 작은 호텔방에 모여든 여성애자인 일곱 명의 그녀들을 먼저 소개합니다. 그녀들의 소개 뒤 괄호에 붙은 단어와 문장들은 레즈 데이팅 어플에서 그녀들이 작성한 자기소개입니다. 모두 박수로 맞아주십쇼 (**사실 그녀들을 소개하는 것이 이 이야기에서 가장 '본격적인' 부분 일지도 모르겠습니다만……**).

이 번개를 주최한 여자 (**이하, '방장'**) 는 검은 뿌리가 자란 것이 한눈에 보이는 샛노란 탈색모로 현재 디자인 회사에 재직 중입니다. 처음엔 그저 호텔방에서 친구와 둘이 호캉스를 즐길 생각이었는데 친구가 사람들을 불러들여 일을 키워버렸다고 했습니다. 하지만 그녀도 이런 상황이 싫지 않은 듯 호텔

체크인은 자기 이름으로 했고, 벌금은 자기가 감당할 테니 담배가 피고 싶다면 안에서 편하게들 피우라며 쿨 한 모습을 보였습니다.

> 27살 직장인 / 단머 탈색 / 일스 / 강아지상
> 통통하지만 꾸미는거좋아해요. 가부장 부치사절

짧은 투블럭 헤어스타일과 듬직한 체격, 걸걸한 말투의 여자 **(이하, '통통이부치')** 는 과거 타투이스트, 핸드폰 대리점, 중고차 딜러를 했고 현재는 전자담배 가게를 운영 중이라고 합니다. 그녀는 특유의 능글맞은 말투로 자신의 화려한 연애 이력과, 전 여자 친구들의 외모를 자랑하며, 그에 덧붙여 그녀들을 사로잡았던 자신의 훌륭한 손기술을 은근하게 어필 했습니다. 그녀의 은근하지만 발칙한 화법과 능글맞은 표정으로 이 바닥에서 구른 '짬바'를 가늠할 수 있었지요.

> 28 머짧 티부 / 요즘 외롭다. 내여자 먹여 살릴 능력은 있어.
> 외모안보는 팸 찾아. 여긴 다 어린애들 밖에 없나.

단정한 셔츠 슬랙스 차림에, 한눈에도 이 자리가 어색해 보이는 여자 **(이하, '왕 언니')** 는 우리 중 유일한 30대로 IT업계 종사자 입니다. 주위에 퀴어가 전혀 없어서 자신의 정체성을 드러낸 이런 자리 (번개)가 처음이며, 자신의 정체성을 맘껏 드러낼 수 있는 오늘 이 순간이 얼마나 소중한지를 수차례 강조하며 다소 과한 리액션을 보였습니다.

30대 장롱입니다. 겁이 많지만 저와 같은 이쪽 친구를 갖고 싶어 용기내어 올려봅니다. 쪽지주세요.

착한 얼굴에 그렇지 못한 태도를 지향하는 듯한 23살 여자 (**이하, '막내'**)는 이 번개에서 가장 어린 나이와 앳된 얼굴로 귀여움을 독차지하고 있었습니다. 막내는 짧은 숏컷 머리에, 몸 구석구석에는 올드 스쿨 타투가 그려져 있고, 귀에는 은색 링 피어싱이 주르륵 달려 있어, 한눈에도 예술을 전공하는 대학생처럼 보였지요. 그리고 그녀 자신도 그 사실이 꽤나 자랑스러운지 자신의 학벌과 전공을 반복해서 피력 했습니다.

23살 예술 전공 / 머짧. 피어싱 많고 타투 많음 / 인디음악, 독립영화 좋아해요. 취향 잘 맞는 분 인스타 맞팔해요.

마지막은 저, 인주입니다.

저는 과거 '기 쎈 똥 팸' 스타일로 레즈들에게 성애화되는 데 어려움을 겪고, 제가 좋다는 남성을 만나 어영부영 제 인생 첫 연애를 시작하였습니다. 남성과 하는 연애는 채 이 주도 못 넘길 것이라고 확신했던 제 예상과 다르게 파트너의 헌신적인 태도 덕분에 제 태도도 짐짓 진지해져 버렸고 저는 이 년이 넘는 기간 동안 연애 관계를 유지하며 체중도 삼십 킬로그램 가까이 감량하게 되었지요. 그리고 얼마 전 그와 예상치 못한 이별을 겪고, 저는 '레즈'로서 제 가능성을 다시 한번 확인해 보고자 이 번개에 참석하게 되었습니다.

24 / 긴머 일스 / 보통 체형 / 꾸미는 거 좋아함 / 예술 관심 많음 / 연상 좋아요

"우리 뉴페도 왔으니 게임이나 하자."

제가 그녀들 사이에 자리를 잡고 처음 시작된 게임은 이미지 게임이었습니다. 이미지 게임이란 술래가 특정 이미지를 말하면, 술래를 포함한 게임 참여자들이 술래가 말한 이미지에 가장 부합하는 사람을 손가락으로 지목하고, 가장 많은 표를 받은 사람이 술을 마시는 게임입니다. 번개 자리에서 첫 시작에 아이스 브레이킹용으로 가장 대표적으로 등장하는 게임 중 하나지요. 동시에, 이 번개에서 가장 인기 있는 사람과 인기 없는 사람이 판명 나는 게임으로, 앞으로 흐름이 어떻게 흘러갈지 갈피를 제공하는 역할을 하기도 했습니다. 그 때문에 저는, 가장 늦게 온 저만 아무 지목도 받지 못하게 될까 근심하며 연거푸 잔을 비워낼 수밖에 없었습니다.
 "가장 방구냄새가 지독할 것 같은 사람은?"
 "가장 나이가 많아 보이는 사람은?"

 예상대로 제가 오기 전 이미 꽤나 가까워진 그녀들끼리 서로를 가리키며 웃고, 술을 마시기가 반복되었습니다. 저는 괜스레 초조해진 마음에 멋쩍게 따라 웃을 뿐이었지요. 그때 퉁퉁이 부치 언니가 특유의 능글거리는 표정으로 실실 웃으며 말했습니다.
 "이제 슬슬 술자리에 맞는 게임을 해야지~ 다 성인인데~"

 그녀 말을 시작으로, 이미지 게임의 본질을 담은 날 것의 질문들이 쏟아졌습니다.
 "이 중에 가장 몸매가 좋은 사람은?"
 "이 중에 제일 호감 가는 사람은?"

"신음 소리가 가장 예쁠 것 같은 사람은?"
"클럽에서 번호를 많이 따졌을 것 같은 사람은?"

게임의 흐름이 바뀌고, 놀랍게도 그 흐름의 가장 큰 수혜자는 저였습니다. 연속되는 민망한 질문마다 수많은 손가락이 저를 가리킨 것이지요. '진짜? 진짜 이게 나?' 순정만화 속 평범하던 여주인공이 체인지 오버를 거친 뒤 거울을 보며 외치던 질문들이 제 속에서 솟구쳐 올랐습니다. 하지만 번개 자리에서는 감상에 젖을 여유 따위는 주어지지 않기 때문에, 저는 연거푸 '벌주'라는 이름의 '포상'을 들이키며 벌게진 얼굴로 웃을 뿐이었지요.

여자들은 저를 보고 예쁘다고 했습니다. 날씬하다고 했고, 제 검은색 스타킹이 섹시하다고도 했습니다. 저에게 몸매관리를 열심히 하냐는 질문도 있었고, 전 여친을 줄 세우면 운동장 한 바퀴가 나오는 것 아니냐는 농담도 있었습니다.

네. 맞습니다. 그녀들이 이 자리의 주도권을 제게 준 것입니다. 이런 포지션에 익숙하지 않은 저는 제게 쥐어진 '권력'과 여기저기서 '벌칙'이란 이름 하에 쏟아지는 스킨십을 즐기느라 정신이 혼미해져 갔습니다.

그러던 중, 제 손을 꼭 잡고 귓속말을 속삭이던 막내가 술을 한 잔 들이켜고는 잔뜩 신난 얼굴로 외쳤습니다.

"여기서 가장 별로인 사람은?"

그녀를 제지하기도 전에 여성들의 손가락들은 한 곳을 가리켰습니다. 침대 구석에 앉아있던 '왕 언니'를 향해서였죠. 애초에 뻔히 답이 정해져 있는 질문이었습니다. 왕언니는 얼핏 보기에도 연륜이 느껴져 이런 술자리와는 전혀 맞지 않는 사람 같았는데, 그 방향이 연상미 넘치는 섹시 커리어 우먼보다는 생기라고는 찾아볼 수 없는 우울한 대리님 타입에 가까웠기 때문이었지요.

"이런 질문 하는 거 아니야."

저는 멋쩍게 웃으며 뒤늦게 상황을 무마하려고 했지만, 제 행동이 우스운 듯 왕 언니는 피식 웃으며 술잔을 비워냈습니다. 언니가 술잔을 비우자 곧장 아무 일도 없던 듯 게임은 이어졌지요. 잠시 갈피를 잃었던 질문은 제자리를 찾아 돌아와 술자리 안에서 빗발치는 사심을 드러내는 역할을 해냈고, 저는 다시 술잔을 비우느라 바빠졌지만, 왕언니가 다시 지목받는 일은 없었습니다. 제게 쏟아진 관심들에 화답하고, 저를 왕좌에 앉혀 준 그녀들에게 웃음을 지어 보이는 동안에도 제 마음 한구석엔 찜찜함과 함께 한 문장만이 떠올랐습니다.
 '나 방금 너무 꼴값 떤 걸까.'

 이어진 게임 끝에 술이 바닥나 편의점에 술을 사러 가야 할 타이밍이 왔고 가장 늦게 온 제가 심부름꾼으로 차출되었습니다. 그러자 왕언니가 바람 쐴 겸 자신도 다녀오겠다며 자리에서 일어났지요. 시끌벅적한 방에서 나와 엘리베이터를 기다리는 동안 우리 사이에는 정적이 맴돌았습니다. 그녀는 혼자서 뭘 그리도 많이 마셨는지 엘리베이터 버튼에 기대 머리를 박고 연신 거친 숨을 뱉어내고 있었지요.

 "언니, 다들 어려서 그런지 에너지 넘치지 않아요? 이런 자리 오랜만이라 텐션 따라가기도 벅차네요."
 "난 이런 거 처음이야. 정말이지. 이런 거 한 번도 안 해봤어. 왜 이런 걸 몰랐을까. 나만 재미없게 살았나 봐. 나도 앞으로 번개 열심히 다닐 거야. 너무 좋다. 진짜."

왜요. 언니. 대체 왜요. 예닐곱 살이나 어린애들한테 개 무시당하면서. 아무도 언니를 꼴려하지 않고. 아무도 언니와 무언가를 해 나가고 싶어 하지 않는데 대체 왜요. 여러분은 그녀를 이해할 수 있으십니까. 저는 언니가 저에게 이 자리에 온 것을 후회한다고 말하기를 기대했습니다. 애들이 어려서 그런지 따라가기 힘들다고 혹은, 내 나이엔 이런데 나오면 안 되나 봐 하며 에둘러 표현해도 그녀의 마음을 깊이 공감하며, 그녀가 민망하지 않게 위로할 준비가 되어있었습니다.

하지만 그녀는 진심으로 이 자리를 즐거워하는 듯 보였습니다. 진심으로 지난 세월을 후회하는 듯 보였습니다. 그녀의 답변을 듣자 제 속은 제 몸에서 덜어냈던 삼십 킬로그램 지방 덩어리가 내려앉은 듯 답답해졌습니다. 아니, 그건 답답함이 아니라 분노였습니다. 삼십 킬로그램 짜리 분노.

가장 끄트머리, 아무도 말을 걸어주지 않는 자리에 대해 알고 있습니다.

사랑받고 싶다는 이유만으로, 아무도 나에게 관심을 주지 않는 자리를 꾸역꾸역 버티고 앉아, 지목받지 못하는 게임에 참가해 '깍두기'처럼 그저 술만 연거푸 마셔댔던 기억.

담배를 피우고 올 때마다 몇 명씩 사라지던 자리를, 걱정해 주는 사람도 없는 주제에, 벌게진 얼굴로 끝까지 아득바득 남아있던 기억.

그렇게 버티고 버티다 더 이상 갈 곳도 할 것도 사라지고 나면, 아침 첫차에 올라타, 제 밥벌이하기 위해 집을 나선 사람들 틈에서, 술 냄새를 풍기며 집으로 돌아오던 기억.

언니. 언닌 자존심도 없어요? 입 밖으로 내뱉고 싶었지만, 차마 할 수 없었습니다. 저는 제 목구멍에서 치밀어 오르는 진심을 꾹 누르고 그녀를 향해 '사람 좋은 웃음'을 지어 보이며 말했습니다.

"앞으로 이런 데 많이 나와서 오늘처럼 재밌게 놀면 되죠."

아아, 저는 과연 '사람 좋은 얼굴'을 성공적으로 연기해냈을까요. 취한 그녀는 제가 어떤 얼굴이든 확인할 수 없어 보였지만, 저는 연기해야만 했습니다. 기만일지라도, 가식일지라도, 반드시 성공해야만 했습니다.

언니와 각자 손에 와인을 한 병씩 쥐고 방으로 돌아오자 몇 명은 쓰러져 잠이 들어 있었고 몇 명은 지친 듯 자리에 반쯤 누워 조곤조곤 이야기를 나누고 있었습니다. 저는 고작 몇 시간 만에 굳어진 제 자리에 자연스레 찾아가 앉았지요.

"친구들이 결혼하면 어쩌죠. 우리는 결혼을 못하는데." "돈을 벌어야 해요." "근데 아프면 어쩌죠." "저는 해외로 나가려고요." "우리가 죽기 전에 이 땅에서 결혼을 할 수 있을까요." "하하. 글쎄요." "마지막 연애는 언제 했어요." "제 전여친은 바람났어요." "헐 왜요."

어느 자리에 가도, 귀가 닳도록 들었던 진부한 대화들이 이어졌습니다. 하지만 이 전형적인 고민에서 자유로울 수 있는 레즈비언들이 있을까요. 아니, 이 전형적인 질문에서 자유로울 수 있는 '한녀'가 몇이나 될까요. 어디를 가든 같은 주제의 이야기가 나오는 데는 이유가 있는 법입니다. 귀가 한 번 더 닳는 것을 감수하고 그녀들의 이야기에 집중하던 찰나, 술에 취해 엎어져 있던 '막내'가 자리에서 벌떡 일어나 외쳤습니다.

"여러분 게임해요"

(응응 막내야. 우리 조금만 있다가 게임 하자.
애기 심심한가보다. 우리 조금만 있다가 게임 할게요. 지금 얘기 중이니까.)

잠에 취해 그런 걸까요? 갑자기 맥락 없는 소리를 하는 막내를 여자들이 초등학생을 어르듯 달랬습니다.

"저 게임하고 싶은데."

하지만 막내는 앞선 여자들의 말을 듣지 못한 것처럼 똑같은 말을 반복합니다. 잠에 취한 것 같지는 않은데, 그녀의 주사일까요? 아까 '여기서 가장 별로인 사람은'이라는 질문을 내던졌을 때 알아보긴 했습니다만.

이번엔 그녀의 환심을 샀던 제가 입을 열었습니다.
"막내야 조금만 기다려 주라. 지금 얘기 재밌는데."

제 말이 끝나자 막내는, 제 옆에 다가와 자연스레 제 손 위에 자기 손을 포갰습니다. 진지하게 삶의 고충을 토로하던 여자들이 제 손 위에 포개진 막내의 손을 힐끔힐끔 쳐다보았지요.

방금까지 술 게임을 하며 분위기에 취해 이보다 훨씬 강한 수위의 스킨십을 주고받기는 했지만, 모두가 들떠있었기에 가능한 것이었고, 누군가 삶의 고충을 토로하는 순간에 손을 쓰다듬는 행위로 주목을 사고 싶지는 않았습니다. 저는 막내를 쳐다보지 않기 위해 최대한 자연스럽게 시선을 정면에 고정한 채 이야기를 이어갔습니다.

"인주. 나 싫어?"

하지만, 이런 제 노력과 달리, 막내는 저 말과 동시에 자신의 입술을 제 귀에 가져다 댔습니다. 이번엔 힐끔거릴 여지도 없이 모두의 시선이 노골적으로 제 귀로 쏟아졌죠. 때문에 저는 반사적으로 소리치고 말았습니다.

"막내야 뭐해! 제발 좀!"

막내는 분명 객관적인 미녀였습니다. 그녀의 귀에 줄지어 달린 은색 피어싱들, 드러난 피부마다

가득히 채워진 굵은 선의 타투들. '예술'과 '취향'을 연신 강조하던 그녀의 말을 종합해보면 막내는 스스로가 '퇴폐적인 분위기의 섹시한 예술가'로 보이길 원하는 듯했습니다. 하지만 안타깝게도 그녀는 '작은 얼굴, 커다란 눈망울, 오똑한 콧날, 도톰한 입술.'이라는 상투적인 묘사로밖에 설명할 수 없는 청순한 얼굴을 갖고 있었지요. 그녀가 어떤 사람을 동경하건, 어쨌든 그녀가 엄청난 미녀인 것은 분명했습니다. 이런 미녀에게 노골적인 플러팅을 받다니. 참으로 꿈에 그리던 일이었습니다. 하지만, 모두가 보는 앞에서 귀를 애무 당하는 방식으로는 아니었습니다.

제가 배가 불러서 그런 것일까요? 깍두기 시절 저는, 다르게 행동했을까요?

잘 모르겠지만. 지금 이 순간, 저는 그녀의 저돌적인 스킨십이 불쾌하게 느껴졌고, 그녀는 내 반응에 잠시 시무룩한 듯했습니다.

안타깝지만, 이따 달래주려 했습니다. 여자들과 이야기가 대충 마무리되면, 아까 서운했냐고 물어보려 했습니다.

하지만 그녀는 갑자기 번쩍 자리에서 일어났습니다. 그리고 외치고 말았지요.

"나 여러분 얘기 듣는 거 재미없어요. 내 얘기나 들어주세요. 나 명문대 나왔어요. 우리 엄마가 나 맨날 가둬놓고 공부 안 하면 때렸어. 그때 사귀던 전 여친은 맨날 손목을 그어대더라고. 홧김에 나도 따라서 했다? 근데 아무리 해도 죽지는 않더라. 이거 봐. 그렇게 살았더니 팔이 이 지경이 됐어."

그래요. 저도 '아무 데서나 빤스 내리기'에는 일가견이 있는 사람입니다. 특히 비슷한 아픔을 가지고 살아가는 동족을 만나면, 너무 기쁜 마음에, 자신의 아픔이나 고독을 한가득 풀어 놓고 자랑하고 싶기 마련이죠. 아니, 돌이켜 생각해 보면 제가 만난 퀴어들 대부분이 그러했습니다.

다들 고독하고, 외롭고, 그런 마음을 숨기려는 의지도 없고, 비슷한 사람을 만나서 비슷한 감정을 공유하고, 순식간에 가까워졌다 순식간에 흩어지기를 반복하고.

그렇습니다. 그게 퀴어고 그게 소수자이겠지요.

이미, 침대 한 켠에서 이야기를 나누던 우리 또한 하나둘씩 조심스레 자신의 팬티를 내보이려던 참이었습니다. 조금만 기다렸다면, 우리도 맘껏 팬티를 내리고 서로의 고독을 자랑스럽게 흔들어 보였을 터인데, 참을성 없는 막내는 그새를 못기다리고, 다른 사람들이 바지 단추에 손을 막 갖다 대려 할 무렵, 별안간 홀로 훌러덩 팬티를 벗고 심지어 그 팬티를 머리에 쓰기까지 해버린 것이지요.

저는 그녀가 우리에게 보인 그녀의 고통이 차라리 관심을 끌기 위한 수단에 불과한 것이기를 진심으로 바랐습니다. 하지만 그 자리에 모인 레즈비언들 모두 알고 있었지요.

그녀가 자신의 고통을 증명하는 것에 정신이 팔렸기는 하지만, 그녀의 고통이 그녀 삶 깊숙한 곳에 실재하고 있음을요. 그녀의 고통이 결코 그저 관심을 끌기 위한 수단으로서만 존재할 수는 없다는 것을요. 가슴 미어지는 사연 하나 없는 여자가 어디에 있습니까. 그저 우리는 남들과 속도를 맞춰 팬티를 벗고 그녀는 홀로 팬티를 벗었다 그뿐이지요. 목욕탕에서 모두 함께 발가벗고 있는 것과 모두가 옷을 차려입은 자리에서 홀로 훌러덩 옷을 벗는 것은 다르니까요.

아아. 맞습니다. 이번 번개도 좆 되고 만 것입니다. 연락하라는 그녀들의 말에 건성으로 답한 뒤 첫

차에 몸을 실었습니다. 마스카라 가루가 흩어진 얼굴 위에 지하철 창 너머의 찬란한 햇빛이 쏟아져 내렸지요. 저는 서류 가방을 들고 지친 얼굴을 한 사람들 틈에 짧은 가죽 치마 차림으로 앉아 내게서 술 냄새가 나진 않을까 걱정하며 고개를 숙였습니다.

비만에서 평균 체중으로 변하고, 바깥세상에서 달라진 거라곤 옷을 아무 곳에서나 편하게 살 수 있다는 것뿐인데, 왜 이 바닥에서 제 신분은 BOTTOM TO THE TOP 해버린 것이고, 왜 여전히 누군가는 '깍두기'가 되고 마는 것일까요.

아니 애초에 왜 레즈들은 처음 보는 여섯 명의 사람들과 좁은 호텔 스탠다드 방에 꾸역꾸역 엉겨 붙어 있을 만큼 구질구질하게 외로운 주제에, 왜들 그렇게 서로에게 잔인하게 구는 것일까요.

그날 저는 '내가 과연 레즈들에게 수요가 있을까'라는 물음에 '수요가 있다'라는, 그토록 바라왔던 답과 함께 집으로 돌아왔습니다. 하지만 저는 이전보다 훨씬 더 힘겨워진 마음으로 겨우 잠에 들었지요.

다음 날 눈을 뜨자, 제 핸드폰에는 두통의 문자가 도착해있었습니다.

> 언니. 나 막내. 집 잘 들어갔지? 오늘 뭐 해?ㅎㅎ

> 나 통통이 부치인데 대박사건. 왕언니가 막내 좋아한대ㅋㅋ.
> 인주는 오늘 뭐해?

저는 그녀들의 문자에 영영 답장하지 않았습니다.

레즈 실격,
이제 저는 더 이상 레즈가 아니었습니다.

이만큼 겪어 봤으면 됐지, 구차하게도, 왜 저는 아직도 레즈들을 사랑할까요.
모든 것은 그저 지나갈까요.
제가 지금까지 아비규환으로 겪어본, 이른바 '레즈' 바닥에서 가장 두려운 것은 그것입니다.

저는 도통 알 수 없습니다.
정말이지 알 수가 없습니다.

3장. 내가 사랑한 모든 여자들에게

영원이 아닌 영영

"우리가 같이 먹은 프레첼이 몇 봉지인 줄 아니?"
통통한 두 볼이 터질 듯 새빨갛게 달아오른 영영이가 눈을 게슴츠레 뜨고 턱을 괸 채 말했다.

"글쎄... 백 봉지 정도 되려나...?"
"백 봉지라니 우리가 지금껏 맥주에 쓴 돈이 얼마인데. 한 번 만날 때마다 맥주 마시면서 프레첼을 못 해도 세 번은 리필했을 거야."
"맞아. 애초에 맥줏값이 아까워서 같이 살기로 했었던 거니까."
"월세보다 많은 돈을 호프집에 부었는데. 아마 천 봉지는 되지 않겠어? 그런데. 우리가 헤어질 수 있어? 셀 수 없이 많은 프레첼을 함께 먹고. 그럴 수 있는 거냐고."

"엄마 젖을 먹고 자라서도 엄마에게서 독립하는데, 프레첼 쯤이야."

맥주를 한잔 벌컥 들이키자 그녀도 나를 따라 맥주잔을 든다.

"오 역시 인주. 젖으로 받아치는 거 좀 좋았다. 역시 여성 애자!"

영영이가 입을 길게 찢어 웃자 니코틴에 물 들은 노란 이빨이 씨익 드러난다.

영영의 상황극은 맥주를 마실 때마다 빠지지 않고 뜬금없는 대사와 함께 시작되었다. 대부분은 "자기야, 자기가 나한테 대체 어떻게 이럴 수 있어?" 혹은 "그래서, 이제 그만하자 그거야?" 같이 진부한 대사의 이별을 앞둔 오래된 연인의 이별 흉내였다. 비슷한 상황극을 오십 번쯤 반복했을 때였을까, 그녀는 프레첼 하나를 집어 먹으며 말했다.

"우리가 같이 먹은 프레첼이 몇 봉지인 줄 아니?"

그녀가 그 말을 내뱉은 순간. 우리는 이 대사가

우리의 호프집 역사에 길이 남을 명대사임을 알았다. "와 그거 진짜 좋다." "진짜 적절하다." "야 빨리 어디다 적어놔 안 까먹게." 영영은 방송 극작과 전공생, 나는 문예창작과 입시생. 그건 다 과거 얘기고, 현실은 둘 다 전문대 사회복지과 나이 많은 신입생. 재능이 없거나 밥벌이해야겠다는 뻔한 이유로 뒤늦게 먹고 살길을 찾아 나선 주제에, 우리는 핸드폰에 고개를 처박고 같은 문장을 메모했다. 대단한 발견이라도 한 것처럼. 그땐 몰랐지. 내가 그 대사를 그녀에게 진심을 다해 내뱉게 될 줄은.

영영과 나는 '자기', '여보', '집사람', '와이프' 등 많은 애칭으로 서로를 불렀다. 그중 하나인 '영영'은 나의 강한 의지로 인해 우리가 함께 듣게 된 자작곡 워크숍에서 그녀가 스스로에게 붙인 닉네임이었다.

"부를 땐 영영. 쓸 때는 00. 영어로는 young-young. 영원과 영영 둘 다 평생을 의미하지만, 영원은 긍정에만 쓰이고, 영영은 부정에만 쓰이는 게 좀 재밌지 않아? 둘 다 영어로는 forever인데. 영영과 young을 연관 지어보면 영원한 젊음 뭐 대충 그렇게도 볼 수 있고."

"그건 블랙핑크가 먼저 했잖아. forever young."

"나 블랙핑크 좋아하잖아. 겸사겸사 좋은 게 좋은 거지 뭘 그렇게 따져."

단순하게 자신 이름 끝 글자에 들어가는 '영'을 두 번 반복해서 붙인 별명이었지만, 그녀는 '영영'이란 이름에 여러 의미를 부여하며 큰 애착을 붙였다. 심지어는 핸드폰 어플을 열어 작은 화면을 두들기더니 이응마다 눈알을 그려 넣어 귀엽고 허접한 로고를 만들고, 영원과 영영을 주제로 노랫말을 쓰기까지 했다. 하지만 워크숍 마지막 날 발표 당일, 그녀는 무대에 오르는 대신 관객석에 앉아 나와 다른 수강생들의 자작곡을 감상하고 집으로 돌아갔다. 별다른 이유는 없었다. 귀찮아서 곡을 완성하지 않았기 때문이다.

시키지도 않은 앨범 자켓까지 만들고 정작 자작곡은 만들지도 않는 게 그녀에게 놀라운 일은 아니었다. 그녀는 엄청난 기분파였으니까. 언젠가 친구들이 집에 놀러 오겠다고 하자 그녀는 곧장 노트북을 열어 모바일 초대장을 만들고, 사회자를 자처하며 게임까지 진행해 모두의 흥을 돋운 뒤 자신이 피곤해지면 방으로 쏙 들어가 문을 잠그고 잠이 들기도 했다. 언젠가는 나와 단둘이 음악 페스티벌에 놀러 가서 아침 첫차 때까지 놀자고 해놓고는 열두 시가 지나자마자 취했다며 나를 남겨둔 채 혼자 택시를 타고 도망가기도 했다. 함께 하는 이들 중 한 명이라도 불편해하는 이가 있는 것을 견디지 못하고, 모두를 챙겨야 하는 나와 전혀 다른 캐릭터였다. 영영은 자신의 상태와 안위를 가장 중요시하고, 그런 마음을 능숙하게 숨기는 법도 몰랐다. 그러니까 영영은, 모든 게 제멋대로인 얄미운 계집애였던 것이다.

하지만 나를 포함해 그녀를 만나본 내 주위 사람들은 모두 어리숙하고, 발칙한 그녀를 사랑했다. 내가 한동안 그녀와 만나지 않던 시절에도 모두가 나를 붙잡고 영영이가 보고 싶다고 한마디씩 했을 정도니까. 그녀는 독립 영화, 인디음악 같은 예술 분야부터 매니악한 일본 애니메이션, 아이돌 문화까지 문화예술 분야 전반에 대한 방대한 지식을 바탕으로 상대방과 공통분모를 찾는데 능했고, 성대모사, 말장난, 표정 연기 같은 개인기도 겸비 있어 쉽게 주위 호감을 샀다. 자신은 콤플렉스로 여기는 짧은 턱과 주근깨가 총총 박혀있는 통통한 두 볼. 말랑말랑하고 하얀 피부의 조화가 만들어낸

동글하고 귀여운 인상도 한몫했다.

 덕분에 그녀와 대화를 나눠 본 이들은, 그녀가 갑자기 축 처지거나 사라지는 식으로 제멋대로 구는 모습까지도 귀엽고 엉뚱한 그녀의 성격을 보여주는 매력포인트 중 하나로 여겼다. 나 역시 그녀의 들쑥날쑥한 태도가 익숙해진 이 중 한 명이었다. 너무 익숙해진 나머지, 부정적인 감정은 감추고 긍정적인 감정을 나누는, 지극히 일반적이고 사회성 높은 이들과 보내는 시간이 불편해지기까지 했으니까.

 밖에서 예의 바른 시간을 보내고 돌아와 영영을 만날 때면, 영영은 언제나 예측할 수 없는 태도로 날 반겨주었다. 제 기분이 좋은 날은 "자기 왜 이제 와. 오늘이 무슨 날인지 몰라?" 하며 시답지 않은 상황극을 시도하거나, 제 기분이 좋지 않은 날은. "왔구나. 그래. 쉬어." 하며 점잖은 우리네 아버지처럼 구는 식이었다.
 나는 영영의 그런 모습을 볼 때면 자연스럽게 본가에서 키우는 강아지를 떠올랐다. 강아지로 모에화라니, 너무 진부하긴 하지만 이만큼 영영이와 비슷한 생명체를 찾을 수 없다. 새로운 장난감을 사주면 좋다고 꼬리를 흔들며 있는 힘껏 즐거워하다가 몇 분 만에 흥미를 잃고 휙 돌아버리는 똥강아지. 영영이 이 말을 들으면 징그럽다며 인상을 찌푸리며 이상한 표정을 지어보이겠지만, 영영을 아는 모든 이들은 고개를 끄덕이며 공감할 것이다.

영영은 그런 애였다. 딱 딱밤 한 대 놓고 싶을 만큼만 얄밉고 귀여운 그런 애.

어찌 됐든, 그녀는 끝장나는 그 변덕으로 자신이 쏟아부었던 애착이 무색하게 '영영'이란 별명을 사용하지 않았고, 덕분에 그녀를 '영영'이라고 부르는 사람은 나밖에 남지 않게 되었다. 아마 영영 자신조차도 이 글을 보기 전까지 영영이란 애칭을 잊고 있었을지도 모르겠다. 앞으로 영영은 누군가에게 '자기', '여보', '집사람', '와이프'로 불릴 수는 있겠지만, 영영을 영영으로 부르는 사람은 영영 나뿐일 것이다.

영영과 나는 내가 만든 <교내 여성주의 문학동아리>에서 처음 만났다. 학교에 갓 입학해 대학 생활에 대한 기대로 잔뜩 부풀어 있던 나는, 전문대

이긴 하지만 서울에 위치한 여대인 만큼 나와 비슷한 이들 (**예술에 관심은 많지만, 막상 하는 건 없고/ 페미니즘에 이제 막 눈을 떠 분노로 가득 차 있고/ 스스로가 어떤 사람인지 이름 붙이는데 잔뜩 혈안이 되어있는/ 죽자는 얘기를 농담처럼 하는, 그런 뻔한 부류**)을 쉽게 만날 수 있으리라 생각했다. 하지만 안타깝게도 내가 다녔던 학교는 '여자', '전문기술', '대학교' 중 '여자'와 '전문기술'의 정체성만이 두드러지는 여성인력 개발센터에 가까운 곳이었다. 2년의 재학 기간 동안 타과와 함께 듣는 교양 강의는 딱 한 학기만 수강할 수 있었고, 동아리는 학교에서 명목상으로 만든 과별 봉사동아리가 전부였다. 어쩔 수 없이 나는 학교에 입학한 지 이주 만에 학교 곳곳에 나와 같은 이를 찾는 전단지를 붙이고 돌아다녔다. 돌이켜보면 무모하다 싶지만, 그때 나에게 그보다 중요한 일은 없었다.

여성주의 문학 소모임 모집
어떤 정체성을 가진 이든 환영합니다

퀴어 모임이라는 건지 문학 모임이라는 건지 모를 포스터를 배포하고 일주일 뒤, 학교 앞 카페의

문을 열자 형형색색 머리를 한 여자들이 모여 앉아있는 것이 보였다. 모르는 사람들이 본다면 교내 '요란한 탈색모들의 모임'처럼 보였을지도 모르겠다. 부정하고 싶지만, 그때 내 머리색도 아마 물빠진 연두색인가 그랬던 것 같다. 대충 노랗고 파란 그녀들 사이에 앉고 자기소개를 시작하자 그녀들은 맞춘 것처럼 자신의 학과와 성정체성을 밝혔다. 레즈비언. 호모 플렉시블. 바이 로맨틱. 에이 젠더. 에이 섹슈얼. 요란한 탈색모들이 인터넷에서만 보던 요란한 단어들을 쏟아 내기 시작했다. 이번에도 부정하고 싶지만, 나도 역시 비슷한 키워드에 속한 사람이었다. 대부분 문학보다, 소수자 인권에 관심이 많은 이들이란 것을 확인하고 내가 포스터를 잘못 만들었다는 것을 확인할 수 있었지만, 어쨌든 나와 비슷한 이들을 찾았다는 사실만으로도 만족스러웠다. 나를 포함한 탈색모들의 소개가 끝나자 내 왼쪽에 앉은 유일한 검은 머리 여자가 조용히 입을 열었다.

"저는 사회복지과 신입생이에요. 친구 만들고 싶어서 왔어요. 잘 부탁드려요."

여자는 작게 기어들어 가는 목소리로 말하며 주근깨가 총총히 박힌 두 볼을 붉게 물들였다.

정체성을 밝히지 않은 검은 머리 여자. 여러 의미로 one&only 했던 영영과의 첫 만남이었다.

그녀는 나와 단둘이 있게 되자 입을 열기 시작했다. 그리고 그녀가 꺼낸 말들은 나를 손뼉 치게 했다. 그녀는 머리색만 달랐을 뿐, 나와 가장 비슷한 사람이었기 때문이다.

1. 나는 스물한 살 영영은 스물네 살로 둘 다 나이 많은 신입생이었고

(나랑 비슷한 교실 내 소수자. 차별받아본 경험 있음. 합격)

2. 과거 영영은 극작과 입시생. 나는 문예창작과 입시생으로 고등학교 재학시절, 둘 다 수능 대신 글쓰기 실기를 공부했었다. 심지어 영영은 입시에 성공해서 극작과 다니다 학교를 중퇴하고 우리 학교로 새로 입학했다.

(과거 예술충 출신. 취미 및 개그 코드 공유할 수 있음. 합격)

3. 나는 주간, 영영은 야간이라 같이 수업을 듣진 않았지만, 둘 다 글쓰기를 포기하고 먹고살기 위해 선택한 게 사회복지과였고

(현실감각 있음. 진로 고민 나누기 가능. 합격)

4. 찢어지게 가난한 주제에 영영은 강남에서 나는 잠실에서 학창 시절을 보내느라 가랑이가 너덜거렸던 역사를 가지고 있었다.

(구질구질했던 과거. 대화하다 괴리감 느낄 일 없음. 합격)

(★경★ 은밀하게 치러진 인주의 베스트 프렌드 테스트 합격을 축하합니다. 물론 기쁘시겠지요? ★축★)

비슷한 사람에 목말라 있던 나에게 영영은 말 그대로 오아시스 같은 존재였다. 나는 그녀와 나의 공통분모를 확인해 나갈 때마다 며칠간 먹고 싶었던 떡볶이를 가장 매운맛으로 주문해 숟가락으로 국물 째 퍼먹는 것 같은 쾌감을 느꼈다. 대화를 멈출 수 없었다. 폭식이었다.

한참 그녀와 나의 공통분모를 찾는 일에 푹 젖어 있을 때 그녀가 자리를 옮겨 맥주를 마시러 갈 것을 제안했다. 나는 당장 짐을 싸 들고 따라나섰다.
"인주님은 어떤 맥주 좋아하세요. 저는 라거 좋아하거든요."
"전 잘 몰라서. 추천해주시는 거 마실게요."
주문한 맥주가 나오고, 맥주의 꽃 향과 과일 향,

톡 쏘는 청량감과 부드러운 탄산에 관해 이야기하던 영영이 대뜸 뜬금없는 이야기를 꺼냈다.

"저도 사실 바이인데 아까는 말을 못했네요. 둘이 남았으니 하는 얘기인데. 인주님은 이상형이 어떻게 되세요? 저 여자랑 이런 얘기 진짜 해보고 싶었어요."

"저는 아무나 다 좋아요. 여자면 그냥 좋아요. 영영님은요?"

"전 햇살 같은 사람이요. 티 없이 밝고 햇살 가득한 사람이요. 개그우먼 홍윤화 같은."

잠깐. 단둘이 있기까지 기다리다 맥주를 마시자고 하고, 나한테만 정체성을 밝히고, 이상형을 묻는다고? 심지어 이상형이 홍윤화라니, 홍윤화라면 나와 같이 거대한 여자가 아니었던가. 오해할 수밖에 없었다. 원체 한 번도 비만이 아닌 적은 없었지만, 수험생활을 끝낸 후 내 인생 최대 몸무게를 찍어 연애는 꿈도 꾸지 못했던 나에게 있던 그녀의 말은 한 줄기 빛살과 같았다. 그날 나는 그녀와 헤어진 뒤 집으로 돌아오는 길에 친구에게 카톡했다. 어느 여자가 모임이 끝나고도 남아 나와 단둘이 있게 되자 이상형을 물어봤다고. 심지어 이상형이 홍윤화라고 했다고. 나 느낌이 좋다고. 나는 정말로, 이렇게도 나에게 사랑이 시작되는구나 했다.

그렇게 시작된 우리는 빠르게 가까워져 갔다. 나는 주간, 영영은 야간에 수업을 들었기에 수업 시간에 쪽지를 주고받거나 하는 것은 할 수 없었다. 그대신 우리는 내가 속한 주간반의 수업이 끝나고 그녀가 속한 야간반의 수업이 시작하기 전, 두 시간을 활용해 알차게도 만났다. 우리는 갖은 수를 다 써서 함께 있기 위해 노력했다. 다이어리에 영영과 함께 있던 날을 동그라미를 쳐 확인했을 때 모든 페이지마다 함박눈이 펑펑 쏟아져 내릴 정도였으니까.

그녀와 지칠 만큼 만나며 서로의 일상에 자리 잡으며 알게 된 사실은 그녀는 첫 모습과 달리 아주 되바라지고 발칙한 기집애였다는 점이다.

그녀가 기억하는 나와의 첫 만남은 내가 기대했던 것과 아주 달랐다. 그녀 말에 따르면, 커밍아웃을 처음 경험해본 그녀는 누군가와 여성애에 대한 이야기를 진심으로 나눠보고 싶어 했다. 온라인 세계에서 레즈비언들이 익명을 띄고 서로를 조각조각 대상화하여 추잡하게 평가질하는 행위를 실제로 누군가와 함께 발화해보고 싶었던 것이다. 영영은 여자가 여자다워야 여자지. 워커 신는 여자는 딱 질색. 수트가 잘 어울리는 여자가 좋아. 키가 컸으면 좋겠어. 머리 스타일은 어떻고, 가슴은 어떻고 하는 이야기를 잔뜩 늘어놓을 준비가 되어 있었다. 그녀와 내가 단둘이 남게 된 순간, 그녀는 인터넷으로 염탐만 해왔던 레즈비언들의 욕망이 끓어 넘치는 대화를 실제로 실현할 기회가 찾아왔다고 생각했다.

"인주님은 이상형이 어떻게 되세요?"
"저는 아무나 다 좋아요. 여자면 그냥 좋아요."

하지만 나에게선 이도 저도 아닌 재미없는 대답이 돌아와 그녀는 무척이나 실망했다. 해서, 조각조각 여성을 대상화해 이야기하는 대신 자신의 이상형 중 성격만을 가져와 '햇살 같은 사람'이라 뭉뚱그려 답하며 이야기를 마쳤다. 그녀가 말하던 햇살 같은 사람은 그냥 밝은 사람이 아니었다. 우울한 구석이라곤 없고, 우울도 '힝 나 너무 슬퍼!'하며 귀엽게 토로할 수 있는, 언제나 웃는 모습이 디폴트인 사람. 이미 문학 어쩌고, 예술 어쩌고, 가난이 어쩌고

하는 대화를 나누면서 내가 그녀와 나의 공통분모에 오르가즘을 느끼던 그 순간 나는 연애 후보에서 이미 탈락이었던 것이었다. 영영과 가까워지면서, 그날 영영이 했던 말들의 진짜 의미들을 알게 되자 그저 풍채가 거대하단 이유로 그녀의 이상형과 스스로를 동일시했단 사실이 민망해 견딜 수 없었다. 하지만 나는 우리의 첫 만남에 살짝 얹어졌던 오해를 밝히는 대신, 그녀와 함께 그녀가 그토록 원하던 '여성 대상화하며 이야기하기'를 선택했다. 첫 퀴어 친구가 반갑기만 한 그녀는 이제 막 성에 눈을 뜬 여중생처럼 가슴이 어떻고 섹스가 어떻고 하는 천박한 농담을 신이 나게 뱉어댔다. 그러다가도 내가 먹고사는 일이나, 부모 관계에 대해 이야기이야기 할 때면 나보다 3살 많은 언니로 돌아와 나를 위로했다.

내가 듣는 우울한 인디 음악을 들려주면 지루하단 얼굴로 멍하니 앉아 있다가도 자신이 좋아하는 아이돌 노래가 나오면 벌떡 일어나 있는 힘껏 춤을 추던 영영,
내가 사는 게 비슷해서 가까워졌다 사는 게 달라져서 흩어지게 된 인연들을 떠올리며 슬퍼할 때

관계의 형태가 변할 뿐이라며 연상녀의 면모를 뽐내던 영영.

영영과 나는 처음 기대했던 에로틱한 사랑을 나누진 않았지만, 그에 뒤지지 않는 사랑을 나누었다. 서로에게 성욕을 느끼지 않았다 뿐이지, 서로를 알아가고 싶어 안달 나 있었으니까.

영영과 함께 살게 된 것은 내 인생 가장 큰 행운이었다. 첫 계기는 단순했다. 영영은 한자리에서 홀로 맥주 여섯 잔을 마시고 2차 3차로 맥주를 또 마시는 미친 맥주 마니아였고, 그런 영영과 어울리며 나는, 내가 씁쓸한 맛과 풍부한 향을 가진 페일 에일을 좋아한다는 것을 알게 되는 데까지 과한 비용을 탕진했다. "이 돈이면 월세를 구하고도 남겠다." "그냥 집에서 마시면 되잖아." "우리 그냥 같이 살까?" 장난처럼 내뱉던 말은 보증금을 담당하겠다는 다른 친구의 합류로 빠르게 진행되었다. 환승 없이 버스 한 대로 삼십분 내에 학교에 갈 수 있으며, 주위에 유흥가가 있어 언제든 신나게 놀 수 있는 곳. 우리는 글로벌 도시 이태원과 한국 대표 부촌 한남동 사이에 위치한 낡은 동네 보광동의 한 단독주택에 자리를 잡았다. 보광동 집은 차가 지나다닐 수 없는 좁은 골목에 있었고, 이태원역까지 가려면 헉헉거리며 오르막을 올라야 했다. 하지만 이태원역에서 술을 먹고 돌아올 때는 내리막이라 편하게 올 수 있었고, 우리만 사는 일 층짜리 단독주택이라 다른 사람 눈치 없이 맘껏 소란을 피울 수 있었다. 흡연자인 우리를 위해 준비된 것처럼 마당 포도나무 맞은편에 놓인 나무 벤치까지 완벽했다.

이사 청소하며 거실 나무 벽을 걸레로 닦아내고, 낡은 창틀에 낀 먼지를 털어내던 순간, 나는 직감적으로 그 집에서의 시간을 평생 잊지 못할 것임을 알아챘고, 예상은 적중했다.

우린 모든 계절 동안 부지런히 함께했다. 비가 오는 날에는 전을 부쳐 먹고, 눈이 오는 날엔 마당 벤치에 앉아 코코아를 마셨다. 봄에는 경복궁으로 꽃놀이하러 가고, 여름에는 마당에 열린 포도를 따 먹었다. 가을에는 남산에 단풍놀이를 가고, 겨울에는 서촌에 전시를 보러 갔다. 거기에 더해 2학년 올라가는 겨울방학에는 같은 날, 같은 병원에서, 같은 의사에게 성형수술을 받고 동시에 새 얼굴로 태어나기까지 했다. 씻지도 못해 잔뜩 떡진 머리를 벅벅 긁어대며 집에만 콕 갇혀 보내야 했던 그 시간을 견딜 수 있던 건 영영과 함께 서로의 부은 얼굴을 보며 깔깔 웃을 수 있었기 때문일 것이다.

자취를 한다는 것은 월세뿐만이 아니라 내가 먹고 숨 쉬는 모든 것에 비용을 지불해야 하는 것이었지만, 영영과 함께 먹고 숨 쉬는 것에 비용을 지불한다고 생각하면 감내할 수 있었다.

조금 징그럽게 들리긴 하겠지만, 그 시절 나는 서로의 삶에 적극적으로 침범하는 것이 행복했던 것 같다. 그녀도 그랬겠지만, 행복한 걸 넘어서, 조금 괴롭기까지 했다.

우리가 함께 산 지 석 달이 지나고 새로운 하우스메이트 '해'가 들어온 지 한 달 정도 되었을 무렵, 집에 돌아오자 낯선 적막이 맴돌았다. 거실에는 방금까지 누군가 먹다 남은 오뎅탕과 숟가락 같은 것이 널브러져 있었고 부엌 왼쪽에 위치한 방의 방문이 열려 있었다. 해의 방이었다. 나는 조심스럽게 그 앞으로 다가가 방이 텅 빈 것을 확인한 뒤 거실로 돌아와 찬찬히 식탁 위를 살폈다. 숟가락 두 개. 그릇 두 개. 젓가락 두 쌍. 쿵쿵 심장이 뛰었다. 신발장을 바라보니 영영이 자주 신던 리복

하얀색 운동화와 해의 검은색 나이키 운동화가 사이좋게 얽혀 널브러져 있었다. 나는 들키면 안 되는 것처럼 살금살금 영영의 방문 앞으로 다가가 숨을 죽이고 귀를 기울였다. 나 아닌 누구도 제 방에 드나 드는 것을 허락하지 않았던 영영인데, 방문 너머에서 무슨 일이 벌어지고 있는 것일까. 언젠가 술을 먹고 빨갛게 달아오른 얼굴로 해사하게 웃던 해의 얼굴이 떠오르자 가슴이 쿵쿵 뛰었다.

쿵쿵 뛰는 가슴이 징그러웠다.

영영이 우연히 알게 된 어느 여자에게 사랑에 빠졌던 것이 기억난다. 영영은 어플에서 두어 번 만난 여자 '선'을 사랑하게 되었다고 이야기했다. 나도 선에 대해 알고 있었다. 나도 같은 어플에서 만난 적 있었기 때문이다. 그녀를 만나서 귀엽다고 생각하긴 했지만, 그뿐이었다, 그녀는 영영이 평소에 말했던 대로 키가 크지도, 수트가 잘 어울리는 스타일도 아니었으니까. 근데 돌이켜 생각해보니 가장 중요한 요소를 가지고 있었다. 슬픈 일이 있으면 땅굴을 파고 들어가는 대신 큰소리로 '잉잉' 아이처럼 울어버린 뒤 툭툭 털어버리는 사람. 우울하고 눅눅한 기운을 질질 끄는 대신 소나기처럼 시원하게 한 번 쏟아내고 언제 그랬냐는 듯 다시 쨍쨍 맑은 햇빛을 쏟아내는 그런 사람. 영영이 사랑하지 않고 배길 수 없는 성격이었다. 그녀가 연기하고 싶어 하지만, 끊임없이 실패하고 마는 그런 성격이니까.

영영이 나에게 선을 사랑하고 있다고 말했을 때 나는 과거 선과 있었던 일을 떠올렸다. 선은 내게 자신은 아무에게도 사랑받지 못한다며 엉엉 운 적이 있었다. 물론 몇 시간 뒤 언제 그랬냐는 듯 밝게 웃으며 집으로 돌아갔지만.

하지만 선을 사랑한다고 말하는 영영은 그렇지 못했다. 영영은 내 침대 옆에 누워 '왜 자신은 항상 누군가를 사랑하기만 하고, 단 한 번도 사랑받지 못하는지'에 대해 얘기하면서 서럽게 울다 잠이 들었다. 나는 곤히 잠든 영영의 옆에 누워 옴짝달싹하지 못하고 눈물이 말라붙어있는 영영의 옆얼굴만을 바라보았다. 자신이 사랑받는다는 사실을 알지 못한 채 외로움에 몸부림치는 '선'과 '영영'이 너무 좋고, 너무 밉고, 너무 부러워서 견딜 수 없었다.

영영과 싸운 적이 딱 한 번 있다. 아니 일방적으로 내가 혼자 화를 낸 것이지만. 영영과 함께 집 앞 도토리호프에서 여느 때처럼 맥주를 마시던 날이었다.

끈적거리는 테이블 위로 텅빈 500cc 맥주잔 네 개가 쌓이고 추가로 주문한 2000cc짜리 플라스틱 맥주통을 반 넘게 비웠을 때쯤, 테이블 위에 놓여있던 영영의 핸드폰 위로 낯선 이름이 떠올랐다.

"누구한테 카톡 왔는데?"

"어? 잠깐만."

영영이 핸드폰 화면을 잠시 두드리는 사이 나는 영영과 나의 잔에 맥주를 찰랑거리게 따르고 먼저 한 모금 들이켰다. 그때 영영이 입을 열었다.

"인주야 나 혹시 지금 가 봐도 될까."

"왜?"

"아니 최근 연락하고 있는 남자가 있는데 이쪽으로 온다네."

"미친년아!"

순식간이었다. 나는 만류하는 영영을 제치고 짐을 챙겨 자리에서 벌떡 일어섰다. 얼굴 근육이 뻣뻣하게 굳고 머리가 뜨거워졌다. 머리털이 다 빠져버릴 것 같았다고나 할까. 나를 쫓아오며 미안하다고 안가겠다고 하는 영영의 팔을 거칠게 뿌리쳤다.

"가, 미친년아. 어 가서. 잘 놀고 와."

"미안해 인주야. 네가 이렇게 화날 줄 몰랐어."

"누가 연애하지 말래? 연애해! 야 정도가 있지 나랑 같이 있는데 남자를 불러? 어차피 조금 있으면 니 졸리다고 자러 들어갈 거잖아, 그때 부르던가. 나는 그냥 니가 놀자면 놀고 가라면 가야 돼? 내가 니 연애 대타야? 아 씨발 진짜 좆같아서. 아 꺼져."

목에서 갈라진 소리와 함께 매운 냄새가 울컥 올라오더니 굵은 눈물이 툭툭 떨어졌다. 눈물이라니. 집안이 개판 났을 때도 눈물이 안 나는 게 내 고민이었는데. 왜 우는지도 이해가 안 가는데 눈물이 멈추지가 않아서, 심지어 목에서 '꺽꺽' 소리까지 나기 시작해서, 집으로 돌아와 황급히 방문을 잠그자 '엉엉' 소리가 쏟아져 나왔다.

다음 날 눈을 뜨자 쪽팔림이 찾아왔다. 왜 나는 불이 나게 화를 냈을까. 그렇게까지 할 일은 아니었는데. 배도 고프고 화장실도 가고 싶은데 차마 방문을 열고 나갈 자신이 없었다. 한참을 누워서 버텼다. 하지만 차오르는 방광을 막을 도리가 없었다. 아무리 그래도 같이 있는데 갑자기 간다는 건 좀 너무하긴 하지. 그래. 그건 예의가 아니었어. 당장이라도 오줌이 터질 것 같아서, 맑아진 정신에 찾아온 민망함을 합리화로 꾹꾹 누르고 거실로 나가기로 결심했다. 눈에 힘을 최한 풀고, 방금 잠에서 깬 사람을 연기하며 문고리를 미는데 툭 걸리는 소리가 들리기에 확인해 보니 웬 포스트잇이 붙은 컵라면이 놓여있었다.

> 인주야 미안해. 이거라도 먹고 화 풀어.

 방문이 열린 소리를 들은 영영이 바로 방문을 열고 나와 내 눈치를 살폈다.
 "그래 너가 누구를 만나든 상관없어. 없는데. 나랑 있는데 중간에 갑자기 가겠다는 건 아니지. 다음부터는 그러지마."
 "응 인주야. 내가 실수했어. 어제 너 방에서 우는 소리 듣고 정말 내가 잘못했구나 생각했어. 미안해. 용서해줘서 고마워."
 영영은 고맙다는 말과 함께 성큼성큼 다가와 나를 덥썩 안았다. 나는 짐짓 아무렇지 않은 척 영영의 등을 두드리면서도 얼굴이 뜨거워지는 것을 느꼈다. 신발장에서 영영의 신발을 찾아대고, 영영이 핸드폰을 보는 표정을 읽으려 애쓰던 모습을 들켰을까 두려웠다.
 함께 사계절을 보내고 다섯 번째 계절을 시작할 무렵. 영영은 보광동을 떠나겠다고 말했다.

그녀의 오빠가 결혼해 신혼집을 새로 차렸으니 이전에 오빠가 전세로 살고 있던 원룸에 들어가겠다는 거였다. 사실 어렴풋이 알고 있었다. 그녀가 이 집을 떠나고 싶어 한다는 걸. 처음 이 집에 살게 됐을 때는 주방이 넓어서 좋다며 만두를 빚고, 마라탕을 끓이던 그녀가 어느 순간부터 다른 하우스 메이트 친구들이 더럽힌 주방을 견딜 수가 없다며 집에서는 컵라면 외에는 먹지도 않았으니까. 영영과 함께 요리해 먹던 일상이 그리워 주방을 청소하고 그녀를 기다려도, 그녀가 집으로 돌아오는 새, 부엌에 다른 친구가 먹다 남긴 스파게티 같은 것이 생겨 있기 일쑤였다. 부엌 앞에 영영을 세워두고 급하게 다시 치우려고 하면, 영영은 부엌에 서 있는 나를 데리고 인근 분식점으로 데려가 밥을 사주는 것으로 상황을 모면했다.

그맘때 서로에게 편지를 쓴 적이 있다. 그녀는 그때 이렇게 썼다.

> 나와 친구 해줘서 고마워. 가장 큰 영향력이 되어줘서 고마워.
> 네가 없는 세상에서 나는 잘 지낼 수 있을지 무섭네.
> 인주는 내게 가족이야. 가족은 멀리 떨어져 있어도 가족이잖아.
> 나는 인주가 행복하길 바라. 사랑해

영영과 모든 것을 함께 하게 되면서 어느 순간부터 영영은 두렵다는 말을 종종 했던 것 같다. 친한 친구 무리는 있지만 특정 한 명과 깊은 관계를 맺으면서 서로에게 깊이 의존해 보는 것은 처음이라, 자신에게 있어서 나밖에 없게 되는 것이, 나 없이는 아무것도 못 하게 되는 것이 두렵다고.

나는 그런 그녀의 말을 이해는 할 수는 있었지만 공감할 수는 없었다. 그녀도 알고 있었지만. 난 의존성이 아주 강한 사람이고, 내가 의존한 대상은 영영이 처음은 아니니까.

나는 내 기억이 시작되는 시점부터 나의 사소한 일상을 모두 함께해주는 한 명이 있어왔다. 영영이를 만나기 이전, 나와 모든 시간을 공유하던 동네 친구가 재수에 성공해 학교 근처에서 자취하기로 결심했던 날, 나는 급하게 모임을 기획하고 포스터를 만들어 여기저기 붙이고 다녔다. 그 덕분에 영영을 만났다. 의식하고 했던 건 아니었는데 돌이켜 보니 그랬다. 어쨌든 영영이 나가기로 결심한 뒤 마음이 급해진 나는 급하게 그녀를 대신해줄 사람을 찾아 나섰다. 그러다 한 명이 얻어걸렸다.

남자는 나에게 전혀 관심이 없는 것처럼 굴면서도 머랭 쿠키를 구워오고, 매번 나를 보러 이태원까지 왔다. 일주일에 몇 번씩이나 오면서도 전혀 나에게 호감 표시를 던지지 않는 남자가 왠지 약이 올라서 괜히 살살 긁어봤는데, 남자가 울었다. 울면서 자신을 혹시 어장 관리하고 있는 거냐 아니면 진심으로 자기를 만나볼 생각이 있는 거냐 물었다. 예상치 못했던 멘트에 당황한 나는 엉겁결에 어장 관리 같은 거 아니라고, 만나볼 생각이 있다고 해버렸다. 그렇게 나는 어리버리한 남자 '어리'와 내 인생 첫 연애를 시작했고, 이주 뒤 영영은 함께 쓰던 공용공간을 꼼꼼히 청소한 뒤. 보광동을 떠났다.

준비한 보람이 있게, 나는 환승 의존에 성공했다. 영영이 함께하던 일상은 어리가 빠르게 차지해 순조롭게 굴러갔다. 영영은 집을 떠난 뒤 얼마 되지 않아 전공을 살려 복지관에 취직했다.

예상과 달리 무너져가는 것은 영영이었다. 씩씩하게 떠나던 모습이 무색하게 밖에서 만난 영영은 무척 지쳐있었고 괴로워 보였다. 나에게 맥주의 향과 맛을 가르쳐 줬던 영영은 일주일에 한 번씩 만나 이야기를 나눌 때마다 맥주 빨리 마시기 대회에 나온 사람처럼 맥주잔을 정신없이 비워나갔다. 직장에 적응하는 게 힘들다고 했다. 사람들이 끼어들 틈을 주지 않는다고 했다.

그렇게 반년 가량이 흐른 뒤, 영영이 직급이 아닌 이름으로 말하는 동료가 생겼을 무렵 우리의 만남은 한 달에 한 번, 두 달에 한 번으로 줄어들어 갔다. 여전히 만날 때마다 홀로 허겁지겁 맥주 서너잔을 순식간에 비워내긴 했지만.

어엿한 직장인이 된 영영은 '감정이 얼굴에 드러나는 것을 감추지 못하는 사람'이 얼마나 미성숙해 보이는지에 대해 말했다. 의기양양한 말투로 자신은 이제 감정을 숨기는 스킬을 터득했다는 말을 덧붙이기도 했다.

"아이고 우리 영영이 으-른 다 됐네"

차분한 노래가 나오면 입을 댓 발 내밀던 영영이. 관심 없는 주제의 이야기만 나오면 눈을 감고 고개를 꾸벅꾸벅 굴던 영영이. 아이돌 노래에 맞춰 고속버스 춤을 추는 영영이. 그런 영영이가 보고 싶었다.

다행히 영영과 함께할 기회는 빠르게 찾아왔다. 그녀와 같은 집에 살 기회가 다시금 주어진 것이다. 영영이 나가고 일 년 뒤, 보광동 집 계약 종료일이 다가와 고민하던 내게 영영은 기꺼이 자신의 집에 들어오라 말했다. 비록 해가 들지 않는 반지하에, 내가 지낼 방은 1.5평이 채 되지 않았지만, 그 비싸다는 강남에 위치한데다, 영영이 월세를 아예 받지 않겠다고도 했다. 무엇보다 그곳엔 영영이 있었다.

영영의 집으로 이사하던 날 나는 방안에 짐들을 대충 풀어 놓은 뒤 거실 꾸미기에 온 시간을 투자했다. 거실에 빨간색 이인용 소파를 두고 그 맞은편을 영영과 내 사진으로 아기자기하게 꾸며 두었다. 냉장고에는 퇴근한 그녀와 해먹을 식자재를 채워 두었다. 영영이 퇴근하고 돌아오면 김치전을 부쳐야지. 예전에 걔가 해주던 김치전 맛이 기가 막혔는데 그것보다 맛이 없으면 어떡하지. 그런 걱정을 하며 거실 소파에 앉아 영영을 기다렸다. 오랜 기간 연락이 끊겼던 이들을 찾아 재회시켜주던 옛날 텔레비전 프로그램처럼, 내가 "영영아!" 하고 외치면 하얀 문이 열리면서 웅장한 음악이 흐르고, 공중에 흩날리는 꽃가루를 배경으로 이어지는 감동적인 포옹. 아니, 그런 것까지는 아니어도, 영영이 문을 열고 나타나면 내가 짠하고 기다리고 있는, 꽤나 드라마틱한 재회를 기대했던 것 같다.

그러나 거실 시계 시침이 8을 지나서 9를 가리키고 10을 가리킬 때까지도 영영은 돌아오지 않았다. 잔뜩 부풀었던 마음이 가라앉고 초조함이 시작됐다. 이게 말이 되나. 복지관이란 직원들의 복지를 긁어모아 남들에게 뿌려주는 곳이라는 건 알고 있었지만. 이 정도는 좀 심하지 않나. 머릿속으로 사회복지사 처우개선 시위 같은 것을 그려보며 괜한 텔레비전 볼륨만 올렸을 때 마침내 도어락이 울렸다. 이제 꽃가루가 터져야지. 감동적인 음악이 나와야지. 분명 그랬는데.

"인주 왔구나. 미안해. 야근 때문에. 오늘 이사 고생 많았어. 나 오늘은 좀 피곤해서 내일 이야기하자. 정말 미안. 푹 쉬어"

그렇게 밤 열두 시가 지나서야 시작된 연출 인주. 각본 인주. 장소 협찬 영영의 프로그램은 1분도 채우지 못하고 일 회 만에 조기종영하고 말았다.

그날 이후로도 영영의 야근은 끊이지 않았고 나는 좁은 방에 누워 몸서리를 쳤다. 방에 유일하게 하나 있는 얼굴만 한 창문은 남의 집 에어컨 실외기로 막혀있어 열 수조차 없었다. 환기를 시킬 수 없으니 몸이 자주 간지러웠고, 해가 들지 않아 낮인지 밤인지 알 수조차 없었다. 월세 한 푼 안 내고 사니 설거지 정도는 기꺼이 내가 하려 했는데, 영영은 배달 음식 외에 집에서 요리하는 일이 없어 설거지거리도 없었다.

강남 집은 말 그대로 오피스 타운 한가운데 있었다. 새벽 내내 뒤척이다 대낮에 일어나 담배를 피우러 나가면 사원증을 걸고 커피를 마시며 걷는 직장인들을 마주해야 했다. 집으로 돌아와 영영이랑 해 먹으려고 샀던 식자재들로 일인분의 요리를 하고 컴컴한 방에 누워 보광동 집 사진을 찾아보았다. 창문을 열면 보이던 포도나무와 어질러진 거실, 거실 테이블 위 놓인 김치전과 사이좋게 놓인 두 개의 젓가락 사진을 보면 소리도 없이 눈물이 흘렀다.

잦아진 눈물 횟수만큼 어리가 집 앞으로 찾아오는 일도 늘어났다. 처음 보광동에 자리를 잡고 영영과 함께 온갖 골목과 가게들을 활보하며 동네를 알아가던 것처럼, 어리와 함께 마트 위치를 확인하고 카페에서 시간을 보내다 폐점 시간이 다가오면 집으로 돌아갔다.

운이 좋은 날은 거실에서 영영을 만날 수 있었다. 영영은 언제나 500cc짜리 캔맥주 네 캔을 담은 검은 봉투를 손에 쥐고 집으로 돌아왔다. 우리는 텔레비전을 틀고 거실 빨간 소파에 앉아 잠시 시간을 함께 보냈다. 함께하는 동안 나눈 대화 주제는 매번 비슷했다. 나는 나의 애인 '어리'에 대해, 영영은 '복지관 어르신', '2과 과장님'에 대해 이야기했다. 아는 것이 없어 간헐적으로 '미친', '대박' 따위의 감탄사만 연발하다 "이제 슬슬 자자."라는 말을 끝으로 각자 방으로 돌아갔다. 보광동에서 함께 깨고 잠들 때는 입 밖으로 내뱉을 필요 없던 '마무리 멘트'라는 게 생겼다. 큰 소리로 화낼 일도, 큰 소리로 웃을 일도 없었다.

그렇게 영영과 역삼동에서 함께 살게 된 지 반년 만에 나는 역삼동 집을 나왔다. 복지관만은 취업하고 싶지 않아 넣었던 인권단체 인턴 자리에 합격 통보를 받은 직후였다. 보광동 집 계약이 끝나던 날까지 함께 살았던 '해'와 함께 새로운 집을 구했다. 예전 보광동 집처럼 마당이 있고 거실이 넓고 창문을 열면 초록 나뭇잎이 보이는 집이었다. 이사 전날 오랜만에 레스토랑에 가 영영에게 음식을 대접하고, 다음날 영영이 출근한 사이 짐을 옮겼다. 더할 나위 없이 깔끔한 이별이었다.

그로부터 일 년이 시간이 흐르고, 며칠 전, 보광동에 살 때 자주 어울려 놀던 친구들과 함께 영영을 만났다. 강남역에서 먹고 또 먹다 갈 곳이 없어진 우리는 자연스레 영영의 집으로 갔다. 계단을 일곱 칸 내려가 집으로 들어서자 익숙한 냄새가 스쳤다. 반지하 특유의 물 냄새였다. 내가 쓰던 방은 영영의 옷들이 잔뜩 쌓여 옷 방이 되어있었다. 거실에 두었던 빨간 이인용 소파는 영영의 방으로 옮겨져 있었다. 그 외에는 모든 게 그대로였다. 너무 변한 게 없어서 신기할 만큼. 영영의 옷이 쌓여있긴 했지만, 내방 침대와 책상은 내가 두었던 자리 그대로 있었다. 2+1으로 구매했던 섬유유연제도 화장실에 그대로 있었다. 화장실 세면대 위 가그린, 텔레비전 옆 작은 화분, 거실 서랍장 위 작은 거울, 냉동실에 넣어둔 아이스크림까지 모든 것이 그대로였다.

영영은 그새 기존에 다니던 복지관을 그만두고 새로운 복지관에 취직해 정시에 퇴근한다고 했다. 이제는 맥주 대신 소주를 마신다고도 했다. 모인 친구들 중 아무도 술을 마시지 않았지만, 영영은 꿋꿋하게 홀로 소주를 마셨다. 그리고 게슴츠레한 눈으로 말했다.

"인주야. 나 진짜 궁금해서 그런데. 외로울 때 어떻게 해? 퇴근하면 할 게 없어."

인생에 관해 이야기할 때는 먼저 살아온 삼 년 선배로서 어른스러운 척은 다 하던 영영이, 나와 일상을 공유하기를 멈추고 홀로 살아보겠다고 당당하게 말하던 영영이, 내게 외로움에 관해 묻고 있었다.

"영영아 연애를 해. 누구든 붙잡고 연애를 해. 사랑하겠다 결심하지 말고 취미라고 생각해. 빈 시간에 함께 하는 게 당연한 사이를 만들어."

"왜 나는 아무한테도 사랑 받지 못할까."

"내가 너를 얼마나 사랑했는데. 네가 얼마나 사랑스러운 애인데."

"그건 인주 너니까 그렇게 봐주는 거지."

내가 할 수 있는 말들은 고작 '연애해라', '넌 소중

하다' 하는 진부한 얘기들뿐이었다. 내가 할 줄 아는 건 '환승 의존' 뿐이었으니까. 모든 관계가 영원할 수 없다는 걸 알고 있으면서도 나는 우리가 '모든'에 속하지 않는 특별한 관계라고 믿고 싶었다. 우리는 연인도 친구도 아닌 '집사람'으로 서로를 불렀으니, 연인처럼 '헤어지자는' 말로 영원히 만나지 못할 일도, 친구처럼 세월에 따라 자연히 멀어질 일도 없을 거라고 믿었다. 하지만 결국 우리도 사는 게 비슷해 가까워졌다가 사는 게 달라져 멀어진 어느 인연들과 같았다. 우리가 함께 하던 그 시절로 돌아가기란 영영 불가능하겠지. 그때를 흉내 내는 것조차 불가능하단 거 해봐서 알고 있으니까.

다만 나는, 영영이 누구든 붙잡고 나와 함께 먹었던 만큼 프레첼을 먹어보기를 바란다. 한 입 먹고 재미없다고 핑 뒤돌지 않고, 끈덕지게 앉아서 먹어보기를 바란다. 나도 영영이 아닌 다른 사람과 꾸준히 프레첼을 먹어보고서야, 다른 이에게도 사랑받을 수 있다는 것을 알게 되었으니까. 우리뿐만 아니라 그 누구든, 서로의 영원이 될 수 없다는 당연한 사실도 이제서야 깨달은 나지만,

그럼에도 불구하고 영영과 함께 셀 수 없이 많은 프레첼을 먹었던 사람으로서, 내가 바랄 수 있는 건 고작 이런 것뿐이다.

나는 인턴으로 다니던 인권단체를 진작 때려친 채 아직도 백수로 살고 있고. 영영은 벌써 3년 차 직장인이다. 난 빨리 백수 생활을 청산하고 인간답게 일 인분 하겠다는 말을 입에 달고 살지만 사실 영원히 직장인이 되고 싶지 않다. 열두 시가 넘어서야 녹초가 되어 집으로 돌아오던 영영의 얼굴을 떠올리면, 내가 감히 감당할 수 있을까 몸서리치가 쳐진다.

그토록 무섭기만 한 직장생활에 기대되는 게 있다면 퇴근 후 영영을 만나 함께 둘만의 맥주 빨리 마시기 대회를 여는 것. 영영이 어른스러운 말투로 '나도 그랬어.' 하고 내 어깨를 두드려주며 연상녀의 면모를 뽐내는 순간을 구경하는 것.

그러니 영영아. 내가 잔뜩 지쳐 너를 호프집으로 불러낼 때까지 너는 아무나 붙잡고 끈덕지게 프레첼이나 먹고 있어. 더럽게 찌들어서 네가 해주는 위로 받아먹으러 갈게.

나를 사람으로 채워줘요

 내가 처음으로 안았던 여자는 마르고 요란한 여자였다. 그녀와 나는 홍대의 한 속옷 가게에서 처음 만났다. 그녀를 만나기 직전까지, 나는 내가 마네킹이 아닌, 살아있는 여자를 품게 될 날이 올 것이라는 기대는 접은 지 오래였다. 검은색 가느다란 리본 어깨끈과 가슴팍에 검은 레이스, 하얀 실크소재 치맛단을 가진, 전형적인 슬립. 그게 나였다.

 망사로 되어있거나, 화려한 장식들이 달린 녀석들에 비하면, 정숙한 편에 속하긴 했지만, 애초에 슬립이라는 게 집안에서만 입을 수 있는 야시꾸리한 속옷도 원피스도 아닌, 애매한 존재 아닌가. 그 때문에 나는 다른 브래지어나 팬티들이 하루에도 스무 개씩 서른 개씩 제집을 찾아 떠날 동안, 가게 쇼윈도 앞에서 하릴없이 딱딱한 마네킹만 껴안고 있어야 했다.

그러다 그녀를 만났다. 볼에 박힌 반짝거리는 피어싱, 가슴에 간신히 매달려 있는 요란한 브라탑, 찡이 박혀있는 두꺼운 갈색 가죽 벨트, 아찔한 기장의 청치마까지. 요란한 차림에 가게 사람들이 그녀를 힐끔거렸지만, 그녀는 그런 시선쯤이야 익숙한 듯 가게 이곳저곳을 혼자 둘러보다 나를 번쩍 집어 들었다. 지금까지 나를 둘러본 이는 여럿이었다. 남자와 여자가 손을 꼭 잡고 가게로 들어와 나를 매만지며 이걸 입고 자기를 기다리고 있어달라는 둥, 그럼 너는 나한테 뭘 해줄 거냐는 둥 하는 이야기를 떠들기에 드디어 이곳을 떠나게 될까 싶어 가슴 떨려 했건만, 이내 저들끼리 낄낄거리다 그대로 사라진 게 고작 며칠 전이었다. 그녀의 손에 들린 채, 기대하지 말자고 몇 번이나 되뇌이던 순간, 그녀는 나를 카운터로 데려갔다.
"이거 하나 계산해주세요. 입고 갈 거니까, 택은 떼 주세요."

그렇게 그녀는 내가 처음으로 품은 살아 숨 쉬는 사람이 되었다.

 그녀의 집에는 이상한 것들이 많았다. 레이스로 만들어진 붉은 팬티, 아랫도리 천이 끈에 엮인 진주로 대신 되어있는 팬티, 양 가슴팍 정중앙이 기다랗게 찢어져 있는 브래지어, 어린아이 주먹만 한 삼각 천 두 개를 연결한 모양의 브래지어 같은 것들이었다. 자고로 속옷의 용도란 은밀한 부위에 딱 달라붙어 몸을 싸서 가리거나, 보호하는 용도 아니었던가. 팬티라면 아랫도리를 꼭 감싸 보호하며 분비물을 대신 받아주고, 브래지어라면 가슴을 꼭 눌러 젖꼭지 윤곽이 드러나는 것을 막아주어야 하는 것은 당연한 상식이다.
 하지만, 그녀는 아무런 기능도 하지 못하는. 쓸모없고 아름다운 속옷들을 잔뜩 모아두고, 제 기분에 맞춰 가장 마음에 드는 것을 골라 입었다. 그녀의 의복선택 기준에는, 기능 대신 아름다움만이 존재했다.

 그녀의 요란한 취향 덕분에 나는 평생 실외로 나갈 수 없다는 내 태생의 한계를 넘어서, 팔자에 맞지도 않는 바깥구경을 자주 했다. 그녀가 나를 걸치고 밖으로 자주 나다녔다는 소리다. 나는 그녀의 마른 몸을 꼭 끌어안고 그녀와 거리 곳곳을 누볐다. 이자카야에서는 그녀가 술을 마시는 동안 팔을 흔드는 고양이 인형을 구경했다. 포토부스 안에서는 그녀와 함께 플래시를 받으며 내 섬세한 레이스 장식과 반짝거리는 섬유조직을 자랑했다. 공연장에서는 방방 뛰는 그녀와 함께 몸을 흔들어 댔으며, 컴컴한 거리위에서는 그녀와 새벽의 차가운 이슬을 함께 맞기도 하였다. 그녀와 함께하며, 집이 아닌 곳에서 그녀와 떨어지기도 몇 번이었지만, 그녀는 어김없이 나를 걸쳤고, 나는 그녀를 꼭 끌어안은 채 함께 진주팬티와, 가슴팍이 찢어진 브레지어가 기다리는 집으로 돌아오곤 했다.

그렇게 그녀와 함께한 지 이 년이 흘렀다. 그새 나에게 딱 맞게 안겼던 그녀는 점점 작아져 갔다. 그녀가 나를 걸칠 때마다 그녀를 꼭 안아 보려 했지만, 자꾸만 우리 사이에 틈이 생겼다. 그녀는 병들어가고 있었다. 그녀는 자주 울었고, 자주 바닥에 쓰러졌다. 일주일에 몇 번씩 참신한 방법으로 자신을 상처 입히고, 자신을 치료했다. 그러던 어느 밤, 쓰러진 그녀는 일어나지 않았다. 나는 그녀를 꼭 끌어안았던 다른 의복들과 함께 그녀를 만나기 이전 품었던 마네킹처럼, 하얗게 식어가는 그녀를 바라볼 수밖에 없었다.

 몇 시간 뒤 제복을 입은 사람들이 들이닥쳤다. 그들은 뻣뻣하게 굳은 그녀의 몸을 들것에 싣고 나갔다. 이게 어떻게 된 일인지, 사람이 마네킹처럼 굳어버릴 수 있는 것인지, 그녀는 어디로 사라진 것인지 모든 게 혼란스러운 순간, 한 중년 여자가 집으로 찾아왔다. 일 년 전쯤 그녀를 찾아왔던, 그녀와 비슷한 이목구비를 가진 여자였다. 여자는 쓰레기봉투 안에 온갖 것들을 밀어 넣었다. 그녀만의 특별한 옷가지들도, 그녀의 방을 밝히던 작은 램프도, 그녀의 발걸음을 따라 밑창이 닳아 있는 신발도, 그녀가 선택하고 품었던 모든 것들이 죄다 하얀 봉투 안에 쑤셔 박혔다.
 그렇게 그녀의 집은 단 하루 만에, 그녀도 그녀의 것들도 없이, 텅 비게 되었다.

 우리가 굴러떨어진 곳은 인근 쓰레기 소각장이었다. 왜 우리가 이곳에 있는지, 우리가 품었던 여자는 어디로 갔는지 도통 이해할 수 없었지만,

할 수 있는 것이 없었다. 내가 할 줄 아는 거라곤, 나를 선택한 사람을 꼭 껴안아 주는 것뿐이니까. 누구도 한 번 품어보지 못하고, 그대로 사라지는 것들이 세상에 수 천 수 만개다. 내 검은 레이스의 우아함과 실크천의 반짝임을 알아주는 이를 잠시라도 만나서, 따뜻한 온기를 가진 피부를 끌어안을 수 있어서, 다행이었다. 하지만, 서러웠다. 이 감정을 서러움이라 말할 수 있는 건지 잘 모르겠다. 레이스가 찢기는 것 같다. 섬유조직 하나하나가 불타오르는 것 같다. 어깨끈이 끊어질 것만 같다. 그 어디쯤이겠지. 그렇게 생각하던 순간 어디선가 소리가 들려왔다.

"이게 왜 여깄어! 얘네 있어야 할 곳 여기 아니잖아. 여기 있으면 안 되는 거잖아. 어떻게 이럴 수가 있어. 왜 이렇게까지 해야만 하는 건데. 대체 왜!"

우리 집에 자주 들락거리던 짧은 머리 여자와 갈색 머리 여자가 우리 앞에 서서, 우리를 대신해 소리치고 있었다.

여자들을 따라 도착한 곳은 하루 전까지 우리가 머물던 집이었다. 그녀가 먹고, 숨 쉬고, 잠들었던, 우리가 함께하던 그 공간이 진정으로 이곳이 맞나.

그녀가 직접 바닥에 깐 다다미도, 중년의 여자가 채 치워버리지 못한 벽의 포스터도 그대로였지만, 그녀가 없었다.

짧은 머리 여자는 봉투를 거칠게 찢고 바닥에 우리를 흩뿌려 두었다. 잠시 뒤 현관이 열리고 여자 예닐곱 명이 우르르 몰려들었다. 여자들은 하나같이 검은 옷을 입고 있었다. 나도 자주 보았던 얼굴도 여럿이었고, 봤는지 안 봤는지 가물가물한 얼굴도 여럿이었다.

몇몇은 우리를 보며 숨을 참았다. 몇몇은 우리를 보며 끅끅거렸다. 또 몇몇은 우리를 보다 이내 밖으로 뛰쳐나갔다. 그들이 우리를 보며 보이는 반응은 다양했지만, 큰소리를 내는 이는 아무도 없었다.

"어머님이 버리신 거, 쓰레기 소각장가서 찾아온 거야. 봉투가 워낙 여러 개라 몇 개 빼먹을 수도 있긴 한데, 같은 구역에서 가져간 건 대부분 모여 있어서 아마 거의 다 챙겨왔을 거야. 여기서 각자 가져가고 싶은 거 골라. 안 가져가면 다 버려야 하는 거니까."

짧은 머리 여자가 말을 마치자, 우리를 바라보기만 하던 여자들이 조심스럽게 손을 뻗었다.

"이거 걔가 맨날 뿌리던 향수잖아. 다른 건 다 질렀다면서 이것만 그렇게 뿌려댔다."

"걔 냄새가 이거였구나. 맞아. 걔랑 만나고 오면 나도 이 냄새 몸에 배었었는데."

"저 모자 내가 선물해 줬던 건데, 걔가 진짜 좋아했어. 내가 다시 가져가긴 싫은데 버리기도 아깝다. 누가 좀 가져가."

"저 강시 쿠로미 인형 뭔데. 죽은 친구가 아끼던 강시 인형이라니. 무슨 부적이냐고."

"그거 걔가 일본 여행가서 사온 건데, 쳐 박아두기만 했어."

"아, 저 진주팬티 어쩔 건데. 시선강탈이야. 저거 누가 가져가. 만지기도 싫어."

여자들은 우리들 하나하나를 어루만지며 그녀에 대해 이야기하고 웃었다. 여자들은 주방에서 그녀가 모아두었던 쇼핑백을 가져와 하나씩 나눠 들었다. 그녀의 몸 곳곳을 촉촉하게 어루만지던 바디로션, 그녀와 제주도에서 함께 뙤약볕을 즐겼던 선글라스, 나를 처음 만난 날부터 그녀와 함께했던 가죽벨트와 브라탑, 항상 그녀의 머리맡을 지키던 만화책 <파라다이스 키스> 1, 2, 3권.

처음 그녀가 나를 집어들었던 순간처럼, 제 각기

새로운 반려자를 찾아 가고 있었다.

그리고 마침내, 나에게도 손길이 와 닿았다. 긴 머리를 한 덩치가 큰 여자였다.

"아, 걔가 너무 말라서 나한테 맞는 건 슬립밖에 없겠네. 아 이거, 나랑 전에 이자카야갔을 때 걔가 입고 왔던 거다. 신축성 좋아 보이는데 나한테도 들어가겠지?"

이 여자를 내가 본적이 있던가. 가물가물했지만, 이자카야는 선명하게 기억이 났다. 여자는 나를 손에 쥐고 양옆으로 늘리며 제 몸에 가져다 댔다.

"이건 내가 가져가야겠다."

나를 자신의 집으로 데려간 긴 머리 여자는, 집에 도착하자마자 자신을 안고 있던 다른 옷가지들을 벗어 던지고 나를 입었다. 첫 번째 여자와 달리 풍채가 있는 탓에 몸통을 있는 힘껏 늘려야 했으나, 그 덕에 더 세게 안을 수 있었다. 여자는 거울 앞에 한참동안 서서 멍하니 나인지, 그녀 자신인지 모를 것을 바라보았다.

그렇게 긴 머리 여자는 내가 두 번째로 품은 살아 숨 쉬는 사람이 되었다.

긴 머리 여자는 처음 나를 데려오던 날부터 다짜고짜 내 안에 몸을 밀어 넣을 땐 언제고, 그 다음날부터 나를 방문에 걸어두고는 하염없이 바라보기만 하고 도무지 내게 안길 생각을 하지 않았다. 긴 머리 여자는 집에 있는 대부분 시간을 침대에 꼼짝 않고 누워 무표정한 얼굴로 핸드폰을 바라보며 시간을 보냈다. 가끔 그녀의 핸드폰에서 첫 번째 여자의 목소리가 흘러나오는 것을 듣기도 했지만, 긴 머리 여자는 멍한 표정으로 화면을 바라보기만 하고 아무런 대답도 하지 않았다.

그녀의 방문에서 의복이 아닌 인테리어 소품으로써 내 기능을 발견한 지 이주가 지난 어느 날, 그녀는 처음으로 화장을 하더니 비장한 표정으로 나를 집어 들었다. 그녀는 첫번째 여자와 달리 겁이 많은 듯했다. 안에는 반바지를, 겉에는 가디건까지 걸친 뒤 몇 번이나 거울을 확인하고서야 밖으로 나섰다.

쇼핑백에 둘러싸이지 않고 내 모습 그대로를 내보이며 밖으로 나온 것은 실로 오랜만이었다. 찬란한 태양빛이 온몸을 감쌌다. 섬유조직 사이로 스며드는 바람이 산뜻했다.

여자와 나는 지하철을 타고, 십 분간 걸은 끝에 지하에 있는 한 호프집에 도착했다.

계단을 내려가 들어서자 익숙한 얼굴들이 보였다. 이 주전, 첫 번째 여자 집에 검은 옷을 입고 찾아왔던 여자들이 그때와 달리 휘황찬란한 차림을 하고 우리를 맞이했다.

짧은 머리 여자는 첫 번째 여자의 로리타 양장 원피스를 입고 있었다. 갈색 머리 여자는 첫 번째 여자의 갈색 허리벨트와 청치마를 입고 있었다. 키가 큰 여자도, 키가 작은 여자도, 얼굴에 점이 많은 여자도, 하나씩 살펴보면 첫 번째 여자와 닮은 구석이라고는 하나도 없는 이들인데, 모두가 그녀처럼 보였다.

"그럼 지금부터 추모식을 시작하겠습니다."

첫 번째 여자의 집에서 자주 흐르던 음악이 흘러나오고 여자들이 무대 앞으로 몰려들었다.

진주 팬티는 어디로 갔을까. 레이스 팬티는, 젖꼭지 부분이 트여있는 브래지어는, 그리고 첫 번째 여자는, 어디로 갔을까. 혹시 이곳에 몰래 와있지는 않을까.

나는 첫 번째 여자가 왜 사라진 것인지. 그녀와 함께 했던 것들이 왜 뿔뿔이 흩어져야 하는지 이해할 수 없었지만, 지금 내가 안고 있는 이 여자는 나와 좀 더 오랫동안 함께할 수 있기를, 이별하지 않고, 잊혀지지 않기를 바랄 뿐이었다.

恨女

에필로그

NO MORE SEX
- 한녀 랩소디 그 이후

도망치고 싶다. 섹스로부터. 부모로부터.

*

"너 니 남자친구랑 관계했니?"

엄마가 목소리를 줄이고 눈을 커다랗게 치켜뜨며 내게 말했다. 나라에서 하는 자궁경부암 검사를 받았다가 자궁내막증 소견을 받아 수술날짜를 잡기 위해 엄마를 데리고 산부인과를 방문했다 나오는 길이었다. 자궁내막증은 성관계와 무관한, 호르몬 문제라는 것은 엄마도 인지하고 있으므로 엄마와 함께 병원을 방문했다가 의사가 성경험을 묻는 질문에 고개를 끄덕인게 문제였다.

아니, 진짜 몰랐다고? 이십대. 섹스경험 없으면 '아다'로 놀림 당하는 나이. 딸이 친구들과 유흥의 도시 이태원에서 자취중이고, 일 년 넘게 사귄 남자친구도 있다는 사실까지 알고 있으면서,

"충격이네. 요즘 애들이 빠르긴 빠르다."
나왔다. 엄마의 수동공격. 엄마는 짜증이 날 때마다 내가 들으라는 듯 큰 소리로 혼잣말을 내게 발사하곤 했다. 여기에 답하는 순간, 엄마의 분노가 걷잡을 수 없이 폭발하고 마는 걸 알기에 나는 애써 못 들은 척 넘어가거나 방으로 들어가곤 했다. 인주야. 참을 인. 인. 인. 인. 내가 그러거나 말거나 엄마의 탄식 소리는 멈출 줄 몰랐다. 내가 대꾸한다면, 언제든 물어 뜯을 준비가 되어있다는 듯이.

*

"너 파이어에그가 뭔 줄 아니?"
내가 초등학교 저학년 때 엄마가 내게 던진 농담이다. 물론 나는 '파이어에그'가 불알이란 걸 알고

있었고, 심지어 여자의 '짬지'에 남자의 고추를 넣으면 아기가 생기고 그것을 섹스라고 부른다는 사실도 이미 친구 언니에게 전해들어 알고 있었다. 그러나 나는 입 밖으로 '불알'이라는 것을 내뱉는 순간 닥쳐질 상황이 두려워 순진무구한 어린이를 연기했고, 엄마는 그런 나를 보며 소리내어 웃었다.

이정도 연기야 별 것 아니다. 방에 갇혀 부부싸움을 하는 소리를 들으며 덜덜 떨다가도 방문을 열고 태연한 표정을 연기하며 엄마 아빠 사이를 지나쳐 화장실에 가는 초등학생이 한둘인가.

나이를 먹어 초등학교 고학년이 되어서도 그랬다. 엄마와 방에 누워 <미녀들의 수다>를 보고 있었다. 제목처럼 외국 미녀들이 나와 한국과 다른 서양의 '쿨'한 문화적 특성을 이야기하는 프로그램으로 엄마의 애청 프로그램 중 하나였는데. 하필 함께 보고 있던 편에서 주제로 '성교육'이 나와버린 것이다.

"우리나라에선 어렸을 때 부모님이 직접 섹스가 뭔지 알려줘요. 섹스가 나쁜 건 아니잖아요. 다만 어린 나이에 하면 몸이 다칠 수 있고, 생명을 잉태하는 일이니 몸과 마음이 성숙해졌을 때 해야 한다고 가르치죠. 피임법을 말해주는 것도 물론이고요."

백인 여자가 어눌한 한국어로 말을 이어나가다 유일하게 정확한 발음으로 '섹스'라는 단어를 언급한 순간부터 나는 게슴츠레 눈을 껌뻑이며 졸린 척을 했다. 하지만, 그 짧은 순간 엄마는 비장한 결심을 해 버리고 만 것이다.

"인주야, 사실 아기는 어떻게 생기냐면……"

이후에 이어진 상황은 예상 그대로다. 이미 신문사 사이트에서 연재되는 야한 만화와 친구들과 텍스트 파일로 돌려보던 야한 소설까지 섭렵한 나였지만, 전혀 몰랐다는 듯 눈을 동그랗게 뜨고 고개를 끄덕였지 뭐.

나이 서른에 여덟 살이 차이나는 아빠와 첫 경험을 하고 한 방에 나를 가지게 된 엄마는 쿨하고 친구 같은, 깨어 있는 엄마가 되고 싶어했다. 내가 초등학생 때부터 "담탱이가 열라 짱나게 했어?" "너네 아빠 완전 열탱이야!" 하는 식의 유행어를 따라 쓰며 말을 걸었다. 초등학생인 내 손톱에 빨간 매니큐어를 칠하고, 아빠가 내 손톱을 보고 한마디 하려고 하면 "노땅이랑은 세대 차이가 나서 말을 못하겠다"며 나보다 더 짜증을 내곤 했다. 친구들은 엄마 아빠에게 반말을 하고 엄마 앞에서 편하게 '졸라' 같은 단어를 쓰는 나를 부러워했다. 쿨한 엄마를 닮아 그 시절의 나도 친구들 사이에서 쿨한 애로 통했다. 초등학교 저학년 때는 반에서 '담탱이'와 같은 비속어를 가장 먼저 사용했고, 고학년 때는 욕설을 가장 먼저 시작했기 때문이다.

엄마의 쿨함이 좋은 면만 있던 것은 아니었다. 내 몸이 점점 비대해지자 어느 순간부터 엄마는 쿨한 친구처럼(요즘 미디어에서 재현되는 MBTI, 'T'의 모습처럼), 독설을 날리기 시작했다. 남들 앞에서 "우리 딸은 지 친구들 셋을 합친 것 같네!" 하는 얘기를 하거나, "저 배때지 튀어 나와서 뒤뚱거리는 것 좀 봐!" 라고 말하는 식이었다. 지 새끼만 감싸고 도는 다른 엄마들과 다르게, 딸에게도 촌철살인 팩트폭행을 날리는 쿨한 엄마! "너 그래서 죽기 전에 남자 손은 잡아보기나 하겠니?" "남자를 방에 데려와서 무슨 짓을 해도 신경 안 쓸 테니 제발 남자 좀 집에 데려와라!" 엄마는 충격요법을 사용한 것이라고 했지만, 그 시절 나에게 엄마의 말은 상처여도 충격은 아니었다. 그 무렵 나는 학교에서 남자애들에게 '줘도 안 먹을 년'이라는 이야기를 지겹도록 듣고 있었기 때문이다.

나는 성인이 된 이후 중학교 친구들과 엄마의 걱정에도 불구하고 섹스를 해냈다! 그런데 왜, 엄마는 성인이 된 딸이 섹스를 했다는 사실에 배신을 당한 것처럼 속상해 하는가! 딸에게 불알 농담을 던지고, 섹스가 무엇인지 직접 가르칠 만큼 쿨한 엄마가. 딸이 평생 아다로 살게 될까 걱정하던 엄마가, 왜 성인인 딸이 섹스를 했다는 사실에 충격을 받는 거죠.

파이어에그부터 시작해야 하는 이 얘기를 도무지 꺼낼 자신이 없어서 엄마의 한숨 소리를 애써 무시했더니 엄마는 드디어 포기한 듯 다른 이야기로 넘어갔다. "짧은 치마 같은 거 입지 마. 아랫도리가 차서 그래. 쑥을 먹어야 하는데." "맞아. 그래야 되는데. 나 쑥떡 좋아하잖아. 쑥떡 사줘라 엄마." 나는 무사히 고비를 넘긴 것에 감사하며 엄마에게 밀린 리액션을 한껏 퍼부었다. 그래, 엄마와 딸의 대화는 이런 거지. 브라를 벗은 듯 한결 가뿐해진 마음으로 텔레비전을 틀었더니 실화를 기반으로 했다는 재연 드라마가 나오고 있었고, 엄마와 나는 홀린 듯이 화면을 바라보았다. 내용은 아침 운동을 시작한 남편을 응원했는데 알고 보니 운동이란게 그 짓이더라. 옆집 부부와 부부 동반 여행을 갔는데 새벽에 아내가 옆집 남편이랑 그 짓을 하고있더라. 뭐 그런 비슷비슷하지만 머리에 쏙쏙 들어오는 자극적인 이야기에 막 빠져드는 순간이었다.

"그 짓이 뭐가 좋다고. 왜들 그렇게 그 짓을 해대는 거야."
아 제발. 엄마.
그게 그렇게 궁금해? 난 처음엔 좋더니 좀 해보니까 질리더라. 그렇게 궁금하면 아빠한테 물어봐.

*

공식적으로 우리집에서 섹스에 대해 제일 잘 아는 사람은 아빠다.
아빠는 유구하게 바람을 피웠다. 아빠의 바람을 처음 알게 된 엄마는 배신 당했다며 분노했고, 몇 년 뒤 아빠의 바람을 또 알게 된 엄마는 아빠가 남에게 돈을 썼다는 사실에 분노했고, 몇 년 뒤 아빠의 바람을 또또또또 알게 된 엄마는 내게 이렇게 말했다.

"니네 아빠 어차피 안 서서 하지도 못해. 너 낳고 얼마 안 돼서부터 발기부전이었어. 완전 플라토닉 러브야. 그 나이 먹고도 아직 로맨스를 찾는 게 귀엽지 않냐?"

존나 알고 싶지 않았다. 아빠의 성생활 같은 거. (세월이라는 건 대체 뭘까? 부부라는 건 대체 뭘까? 운명 공동체라는 말로 다 표현할 수 없는데 어떤 게 맞는 정의인지 아직도 찾지 못했다.)

그는 발기부전임에도 불구하고, 여전히 우리집에서 섹스에 대해 제일 잘 아는 사람이다. 집안에서 본인의 섹스 경험을 이야기할 수 있는 유일한 인물이기 때문이다. 심지어 본인의 섹스 경험을 각색해서 타인에게 웃음을 선사하는 유머러스한 스탠드업 코미디언이기도 하다.

"어렸을 때 시골에 놀러갔다가 어수룩해 보이는 처녀를 꼬셨어. 옷차림도 단아하고 말투도 '네네'하면서 고분고분한 게 영락없는 촌뜨기더라고. 어떻게 술을 먹여서 여관방에 데리고 갔는데, 내가 옷을 한 꺼풀씩 벗기는데 걔가 아주 당당한 거야. 처녀가 부

끄러움도 없이. 그래서 내가 물었지. 혹시 몇 명이랑 했어? 그 말을 듣던 그 촌뜨기가 순진무구한 얼굴로 한참이나 고개를 갸웃거리더라고. 혹시 무슨 말인지 못 알아 들었나 싶어서 다시 물어봤지, 몇 명이랑 섹스했냐고. 그랬더니 '아하!' 하는 표정을 짓더니 손가락을 하나씩 접더라. '그러니까 그게, 하나, 둘, 셋, 넷, 다섯...' 끝도 없이 손가락을 접던 여자가 마침내 나를 보고 싱긋 웃더니 말하더라고, '글쎄 다 세 본 적이 없어서.'"

이 이야기를 들은 엄마는 여자를 따라 손가락을 접어보더니 눈물까지 흘리며 꺽꺽 웃었다.

"손가락을 다 접어도, 모자랐대. 열 손가락을......!!! 당신이 당한 거네. 당신이 당한 거야!"

그들의 유머코드를 난 아직도 모르겠다. 대체 왜 아빠가 '당했다'는 건지도 모르겠다.

아니, 알고 싶지 않았다. 나는 웃거나 화내는 대신 (엄마 말에 따르면) 내게 '당했을' 이들을 속으로 세어 보았다. 손가락을 접어보지 않아도, 열 손가락으로 셀 수 없다는 것은 충분히 알 수 있었다.

나는 성인이 되자마자 섹스를 했다. 엄마와 중학교 친구들의 '안 팔리는 년'이라는 평가에 반박하고 싶었다. 분명 시작은 그랬던 거 같은데, 섹스의 횟수가 늘어나고, 내가 팔리는 존재라는 것을 충분히 실감하게 되었을 때도 섹스를 멈출 수 없었다. 짜증날 때, 우울할 때, 지루할 때면 생각했다. "엽기 떡볶이 제일 매운 맛으로 죠지고 섹스 한 판 시원하게 갈기고 싶다!" 이걸 성욕이라고 부를 수 있을까? 다행인 점은 당시 내가 친구들과 함께 살고 있어 혼자 있을 때 만큼 짜증나거나 우울하거나 지루할 일이 적었다는 것이고, 안타까운 점은 그럼에도 불구하고 잠깐의 틈이 생기면 밖으로 혼자 기어나갈 만큼 체력이 좋았다는 점이다. 맞다. 알콜 중독과 정확히 똑같은 매커니즘이다.

가족들이 있는 본가에서도 예외는 없었다. 엄마가 치매에 걸린 할머니의 병수발을 들기 위해 집을 비운 이 주 동안 아빠의 밥을 차리고, 강아지를 돌볼 사람이 필요해 친구들과 함께 지내는 이태원 집을 떠나 본가에서 머문 적이 있다. 아빠는 밤에 들어왔으므로 나는 낮 동안 틴더와 탑엘을 번갈아 돌려가며 남자 여자를 가리지 않고 아무나 나올 수 있는 사람을 석촌호수로 불러냈다. 석촌호수는 아주 훌륭한 만남 장소였다. 우선 만나서 얼굴 보고 일차 탐색. 석촌호수 한 바퀴 돌면서 대화를 나누며 이차 탐색. 사람 좀 별로면 한 바퀴 더 돌고 집으로 돌려보내고, 괜찮은 애면 근처 맥주집으로 갔다가 유도리있게 딱! 돈도 안 들고 건강도 챙기는 알뜰살뜰한 나만의 비밀 코스!

하지만 상대를 집으로 돌려보내는 타이밍도, 술집으로 이동하는 타이밍도 예상대로 딱 잡을 수 있는 것이 아니었고. 때문에 나는 하루 동안 세 명의 상대와 석촌호수를 열 바퀴 넘게 돈 적도 있다. 그래. 가챠 뽑기 같은 거다. 다만 가챠 뽑기는 손잡이를 가볍게 한 바퀴 돌리면 끝이지만, 인간 뽑기는 2.5킬로미터를 한 바퀴 더 돌아야 한다는 차이가 있는 거지……

가챠 뽑기에 실패하고 기진맥진하여 집으로 돌아온 어느 날, 코를 골며 자고 있는 아빠의 머리맡에 놓인 핸드폰이 보였다. 나는 홀린 듯 그것을 집어들어 조심스레 방으로 들어왔다. 지금은 어떤 여자를 만나는지 구경이나 해보자는 심정이었던 것 같다. 정체를 알 수 없는 명함들로 가득 차 빵빵해진 다이어리 케이스를 열자 개기름이 잔뜩 묻어 번들번들한 핸드폰 화면이 보였다. 형광등에 핸드폰을 비춰보자 너무 쉽게 패턴을 풀 수 있었다. '드디어 내가 판도라의 상자를 여는구나.' 두근거리는 마음으로 홈 화면을 옆으로 쓸었다. 그리고 마침내 마주하고 말았다. 무방비하게, 아니 무자비하게 내 앞에 모습을 드러낸 그것을.

<돌싱톡>

어플을 터치하자 수많은 이들에게 보낸 아빠의 메시지가 나타났다.

'안녕ㅇ하세요...^^ 저는. 송파에서. 사업을ㄹ하고.있는... 송파. 돼지. 입니다.ㅎㅎㅎㅎㅎㅎ'

여기에 묘사된 사람은...... 아빠다. 거실에서 코를 골며 자고 있는, 비만한 나의 아버지가 분명했다. 아빠의 훌륭한 자기 객관화 능력에 눈물이 날 것 같았다. 상대가 내게 실망할까봐 먼저 자기를 후려치는 철저한 자기 방어 스킬! 알아채지 않을 수 없었다. 나의 틴더 첫인사 역시 '저 살쪘어요'였기 때문이다.

아빠는 수많은 이들에게 같은 메시지를 보냈지만, 답장이 돌아온 이는 몇 없어 보였다. 원래 남자와 부치가 데이팅 어플에서 찬밥 신세인 건 당연한 이치다. 아연실색한 마음과 동시에 좀 이상한 기분이 들었다. 진짜 짜증이 나는데, 진짜 징글징글한데, 좀...... 짠했다.

아빠, 외로웠구나. 인정하고 싶지 않지만, 침침한 눈을 찡그려가며 같은 메시지를 수없이 쳤을 아빠를 생각하니 엄마의 '아빠 귀엽다'는 말이 조금 이해가 갈 것 같기도 했다.

연민이다. 공감으로부터 비롯된 연민. 아빠가 조금은 귀엽게 느껴졌던 이유 또한 나의 방어 기제에서 비롯된 '자기 모에화'라는 거 잘 알고 있다.

내가 방에서 탑엘과 틴더를하는 동안 아빠는 거실에서 돌싱톡을 하고 있었구나... 나의 자극 중독 DNA가 여기서 왔구나... 엄마의 독설로 시작되고, 아빠의 DNA로 가속도가 붙은 것이 나의 섹스 역사이구나. 역시, 핏줄은 물보다 진하고, 콩 심은 데 콩 나고 팥 심은 데 팥나고, 딸년이 틴더하면, 아비는 돌싱톡하고... 딸년이 탑엘하고, 아비가 잭디하는 것도 재밌었을 텐데. 거기까진 아니군.

역시, 자식 이기는 부모 없다.

내가 아빠에게 물려 받은 것은 자극중독 DNA 뿐만이 아니었다. 코드가 맞지 않는 사람은 들으면 분노가 차오르게 만들지만, 코드가 맞는 사람은 책임지고 웃길 수 있는 좁고 깊은 유머 감각! 부끄러울 수 있는 경험담을 풀어 놓는 것에 수치스러워 하지 않는 광대 기질! 나는 아버지가 물려주신 소중한 유전병을 활용해, 아무도 알고 싶어 하지 않던 나의 이야기를 썼다. 아버지를 이기기 위해 창피한 줄도 모르고 그 얘기를 책으로도 내 버렸다.

내가 쓴 다양한 주제 중 사람들이 주목한 것은 단연 섹스였다. 사실, 내가 그렇게 퍼스널 브랜딩을 한 것도 맞다. 등단한 작가도 아니고 제 돈으로 제가 찍어 낸 독립 출판인이 어디서 유세 떨기 쉽지 않다. 뭐 할 줄 아는 게 있으면 밀어볼 텐데 글도 잘 못쓰고, 뭐 가르칠 줄 아는 게 없었다.

근데 섹스는 전문가라는 게 자격이 필요한 게 없었다. (심리학, 정신분석학, 페미니즘, 기타 등등 이나 성교육 전문 자격증 같은 게 있긴 하지만 좀 다른 영역이라고 생각한다.) 수없이 많은 섹스로 수련을 거쳐야 겨우 섹스 마스터가 될 수 있는 것도 아니고, "타고나셨어요, 아가씨." 같이 천부적인 재능이 필요한 것도 아니다.

그냥 나의 섹스 경험을 까보이면서, 동의 없는 섹스나 스텔싱은 범죄고, LGBTQIA 차별하지 말라는 상식적인 이야기만 했을 뿐인데 소수의 사람들에게 'MZ페미니스트퀴어전사섹스그랜드마스터' 대접을 받을 수 있다는 것에 아주 감사하고 있다.

누군가 나의 이야기로 용기를 얻었다고 할 때마다 감격에 차올랐다. 섹스 토크 모임을 운영하며 처음으로 자신의 경험을 이야기했다는 사실 하나만으로 해방감에 젖은 사람들의 표정을 볼 때면 자신감이 샘솟았다. 성교육 유튜브 채널에 출연해 5060 구독자들과 소통할 땐 두려웠지만 그만큼 짜릿했다.

진심으로, 이 세상 모든 여자들이 섹스에 많은 의미를 부여하지 않기를 바랐다. "섹스 경험이 많으면 걸레, 없으면 등신." 이런 것 좀 안 했으면 좋겠다. 인간들이 섹스에서 자신의 결함을 찾으려고 하지 않았으면 좋겠다. 다양한 사람들에게 당신의 욕구가 이상한 게 아니고, 설사 좀 이상해도 괜찮다고 백 번이고 천 번이고 말해주고 싶었다.

(매체에 발표된 나를 다룬 인터뷰의 제목은 "섹스 이야기하는 건 부끄럽지 않아요"이다.)

그럼에도 불구하고 나는 지금, 섹스로부터 도망치고 싶다. 남들에게 섹스를 너무 대단하게 생각하지 말라고. 섹스에 자아를 내어주지 말라고 이야기하기 위해 시작했던 일인데, 나는 이제 섹스를 할 때마다 아래와 같은 생각을 떠올리고 만다.

'나는 엄마에게 증명하기 위해 섹스를 시작했지. 그리고 아빠의 자극중독 DNA를 받아 섹스를 하고 싶어 하고. 당연하지. 한때는 그들이 내 전부였다고. 언제까지 부모 탓 할 거야. 내가 좋아서 하는 거면서. 아무도 나에게 섹스 하라고 시키지 않았는데 나의 자유 의지로 하는 거잖아. 근데 엄마와 아빠의 섹스로 내가 태어나서 이렇게 고통받고 있는데, 내가 섹스를 하는 게 맞을까? 아무리 피임을 해도 섹스라는 행위가 내포한 게...... 헉! 나 방금 엉덩이 맞았다. 이거 좀 좋은데? 다음 섹스 토크 모임때는 사람들한테 어디 맞을 때 가장 기분 좋냐고 물어봐야겠다.'

나의 비대한 자의식이 지겹고 징그럽다.

섹스에 입혀진 기억을 지우고 온몸으로 행위만을 즐기고 싶다. 쾌락에 집중하는 산뜻한 섹스 후 까무룩 잠들고 상쾌한 아침을 맞이하고 싶다.

부족하긴 했지만 최선을 다했던 나의 부모에게 감사하고 싶다. 내가 얼마나 귀여운 어린이였는지, 백 번이고 들었던 에피소드를 듣고 또 듣다가 가뿐한 발걸음으로 내 집에 돌아오고 싶다.
도망치고 싶다. 섹스와 부모, 한때 나의 전부였던 것들로부터.

사랑하고 싶다, 그 모든 것들을.
어떤 역사도 깃들지 않은 깨끗한 몸과 마음으로.

전등으로 모여드는 날파리 같은 여자들

**인주의 집사람
이흥주의 추천사**

인주와 산 지 햇수로 4년이 되어간다. 보광동 집의 계약 기간이 얼마 남지 않았던 어느날, 나는 인주와 함께 거실에서 영화를 보았다. 고레에다 히로카즈의 <진짜로 일어날지 몰라, 기적>이라는 영화였다. 그 영화는 내가 가장 좋아하는 영화였고, 그래서 가능한 많은 사람들에게 보여주고 싶었고 인주는 그 영화를 '나 때문에 본' 약 다섯 번째 주변인이었다. 영화는 꽤 재미있었던 것 같다. 이제는 그 영화를 '안다'는 사실이 새로운 재미가 됐다는 것을 느낀다. 사실 내가 정말로 좋아하는 건 그 영화가 끝난 뒤, 그 영화감독과 출연했던 아이들에 대해 시시콜콜한 잡지식을 토대로 대화하는 일이다. 나는 자연스럽게 대화의 문을 열기 위해 인주에게 질문했다. 멀리서 아침이 밝아오고 있었다. 우리에게 시간이 아주 많은 것처럼 느껴졌다.
"인주야, 넌 어릴 때 꿈이 뭐였어?"

인주는 이 질문을 받은 다섯 번째 사람이었다. 어릴 적 그녀의 꿈이 무엇이었는지 나는 잘 기억하지 못한다. 다만 인주는 어린 시절 자신에 대해 이렇게 말했다.

-어릴 때 유치원에서 잘생긴 남자애, 좋아하는 남자애가 있으면 팬티를 보여줬음-

제정신이었을까?
뭐, 인주는 그런 사람이다. 그런 년이다. 다행스럽게도 이젠 팬티를 보여주지는 않는 것 같다. (취했을 때 빼고는)

지나치게 솔직하고 거침없어서 '이 새낀 뭐야?' 싶다가도, 그런 사람들이 취약할 때 어디선가 나타나는 인주. 나는 인주의 글에 등장하는 '스파게티를 팬에 그대로 남기는' 친구다. 다른 점이 있다면 지금은 팬에 남기지 않고 모두 먹는다는 것 정도. 인주는 상대방에게 모두 말한다. 너 때문에 질투나, 짜증나, 얄미워, 네가 좋아, 자신의 감정을 숨기지 않는 편인 인주에게 나는 "좀 숨겨라, 시발아"라고 말할 때도 있지만 나는 인주가 숨기지 않는 것들을 꽤 좋아하는 편이다. 인주와 나는 성격이 조금 다른 편이지만 그녀의 글을 읽으면서 나는, 어디선가 날아와 전등 앞에 모여드는 날파리 같은 여자들이 만나고야 마는 어렴풋한 지점에 대해 생각해보았다. 그런 여자들은 어디에도 앉지 않겠다고 윽박지르듯 다짐하고, 그 다짐에 속는 자신을 사랑하는 만큼 파괴하고 싶다는 충동에 휩싸이기 마련이다. 그런 충동을 이기지 못한 여자들은 결국 자신의 이야기라는 것을 하게 된다. 그리고 그녀들은 모인다. 당분간은 고갈될 일 없다는 듯 거만하게 구는 여자의 이야기를 하려고 말이다. 운 좋게도 세상은 그런 여자들의 이야기를 꽤 기다려왔다는 듯, 마수인지 환대인지 모를 손을 뻗어온다. 그런 여자들의 지점에 전혀 조심스럽지 않은 말투와 몸짓으로 들어선 한 마리의 날파리와 나는 4년이나 살고있는 것이다.

일찍이 내게도 책을 낸 경험이 있었고, 내 이야기가 고갈되지 않을 거라고 믿었던 때도 있었다. 다만 나는 조심했고, 인주는 조심하지 않는다. 아마 앞으로도 그럴 것이다. 그러나 전혀 다른 언어임에도, 나는 우리가 비슷한 이야기를 하는 듯한 착각에 빠진다. 아니, 우리가 같은 곳에서 만날 거라고 믿는다. 거긴 정상도 아니고 입구도 아니다. 정점도 아니고 종점도 아니다. 다만 자신의 이야기를 털어놓고 싶은, 부족하다면 내장까지 꺼내 보여줄 생명력이 넘치는 징그럽고 음란한 여자들이 모인 곳이다. 나는 잠깐 말을 멈추고 날파리의 왕, 인주가 들어오는 것을 본다. 발소리가 시끄럽다. 큰 소리로 자신의 이야기를 시작한다. 나는 친구인지 가족인지 모를 얼굴을 하고, 약간의 질투와 우정의 마음, 그리고 사랑을 숨긴 채 그 광경을 지켜본다. 이제 막 시작한 이야기가 끝날 때까지.

보편적 '한녀'로 생존하기

**인주의 친구
차서로의 추천사**

 인주는 어느 날 독립출판을 할 거라고 했다. '드디어 올 게 왔구나.' 당시 그 말을 들은 나의 심정은 그랬다. 인주의 글은 한국에서 여자로 사회화된 사람이라면 마음 어딘가에 관통되는 지점이 있었기 때문이다. 많은 여자들을 위해서라도 이 글은 기꺼이 책으로 남아야만 했다. 또 아마도 많을 '나'들이 이 글을 읽었으면 좋겠다는 마음이기도 했다.
 나는 내가 '인주'이던 시절, 나의 마음은 '발설되면 안 되는 것'이라고 암묵적으로 확정하고 있었다. 이를테면 내가 사랑을 받고 싶음을 이야기하는 것, "웃음을 팔게 되는 것", 친구들이 나의 "모든 것을 감당하지 못"할 것 같아서, "자꾸만 새로운 사람을 찾으러 밖으로 나"가게 되는 것, 나를 "누군가라도 알아주기를 바라"면서도, 누군가 나를 알아주면 "냅다 도망쳐버리"게 되는 것. 스스로 꼭 숨겨야 한다고 여겨왔던 나약하고 이기적인 마음을, 인주는 기꺼이 발설하고 있었다.

그렇기에 인주의 글을 읽고서 나는 새삼스러운 질문을 던질 수 있었다. 왜 말하면 안 된다고 여겨왔을까. 난 사실 뚱뚱하거나 뚱뚱할 사람이고, 유머 있는 사람도 아니고, 사랑을 갈구하기까지 한다는 것을 들키면 안 될 것 같았다. 자꾸만 사람을 찾아다니는 자신이 참 저렴하게 느껴졌고 남들에게도 그렇게 보일 것 같았다. 그래서 미움 받게 될 것이 무서웠다. 지금은 그렇지 않냐고 한다면 그것도 아니다. 여전히 두렵다. 인주의 말대로 비슷한 "불행 서사 하나 없이 살아가는 'K한녀'가 얼마나" 되겠는가. 그렇기에 인주의 이야기는 한국 여자라면 기꺼이 우리로 묶일, 우리의 이야기였다.

나는 우리가 못났고(정말 못난 것일까?), 이렇게 못나도 된다는 것을, 오히려 못났다고 이야기를 하는 사람들이 문제라는 말을 듣고 싶었던 것 같다. 이기적이어도 된다는(사실 그렇게 이기적이지도 않다는) 말을 듣고 싶었던 것 같다. 인주의 글은 그랬다. 한국에서 스테레오 타입의 여자로 사회화된 인주가 자신의 "팬티를 내"렸을 때 드러난 것은, 내가 외면해 왔던 '나'의 못난 모습(못났다고 일컬어지는 모습)이었다.

막상 마주한 그것은 그냥 그랬다. 그리 못나지도, 그렇다고 잘나지도 않았다. 오히려 그렇게까지 전전긍긍할 일이었는가 싶어 유감이었다. 누군가는 별거라고 해도 우리의 "팬티를 내"린 치부는 생각보다 별 게 아니었던 것이다. 글 속의 인주는 아주 보편적인, 비열하기도, 나약하기도, 사랑스럽기도 한 "한녀"였다.

나는 글로 보았을 때의 인주와 실제로 만났던 인주는 어떤 사람이었는지를 돌이켜 보았다. 인주는 참 한결 같았다. 인주는 어떻게 하면 우스꽝스럽게 말할 수 있을지, 자신의 불행에 웃길 여지를 덧붙여 이야기하곤 했다. 나는 그것이 지금 생각하면 한녀의 기본 소양, 자기검열의 '전전긍긍' 맥락이지 싶다. 너의 이야기로 분위기가 처져도 괜찮은데. 다름 아닌 너의 이야기니까. 그러나 우리는 어떻게 보일지가 항상 두려운 '여자'로 살아왔다. 그것이 우리의 삶이었다. 언젠가 인주와 셋이서 허니콤보와 엽기떡볶이를 처음 먹었던 날, 너무나 '한녀'이던 이제는 볼 수 없는 친구와 함께 했던 이야기들도 생각난다.

언젠가 우리가 이제는 볼 수 없는 친구의 집에서 술을 마시기 위해 토닉워터와 술을 사갈 때, 그때도 우린 살에 대한 고민을 이야기했다. 우린 너무나도 '여자'였기 때문에, 음식을 먹는 걸 좋아하면서도 음식을 먹는 행위가 불러일으키는, 체중 증가에 대해서 많은 스트레스를 받았다. 당연하게도 여자인 우리에게 다이어트가 성공하는 것은 영광스러운 일이었으며, 체중이 느는 일은 부끄러운 일이었다. 그때 우리는 살 이야기로 서로를 욕하지 않을 것이라는 확신이 있었음에도, 오랜만에 만나게 되었을 때 상대에게 살이 쪄 보일까봐를 신경 썼을 것이다. 평생 그렇게 살아왔으니까. 그것이 당연한 일이었으니까.

참 당연한 그런 흐름 속에서, 어느 날 오랜만에 인주와 다시 만났을 때 인주는 자랑스럽게 다이어트에 성공한 이야기를 전해왔다. 그것이 설령 자신의 건강에 좋지 않은 방법이라고 해도 각별한 의미임을 알기 때문에, 우리는 인주의 살을 깎아내는 노력에 대해 진심으로 고생했다고 말할 수 있었다. 그것이 어떤 의미인지 아는 이들끼리 가능한, 모종의 연대였다.

이 책은 그런 책이다. 어떤 행위가 꼭 바르거나 보기 좋지 않더라도, 그럴 수밖에 없었음을 그저 보여주는 것. 그럼으로써 우리의 못나지 않은 못남을 바라보는 것. 소위 말하는 '흑역사'마저 웃을 수 있는 농담으로 남겨 긍정할 수 있게 하는 것. 내가 본 인주 또한 그런 사람이었다. 친구를 웃길 줄 알고 아낄 줄 알면서도, 자기자신에게는 박한 그런 사람. 이 점마저 인주가 "한녀"임을 깨닫게 하지만, 그래서 혹은 그렇기에 인주를 응원하고 싶어진다.

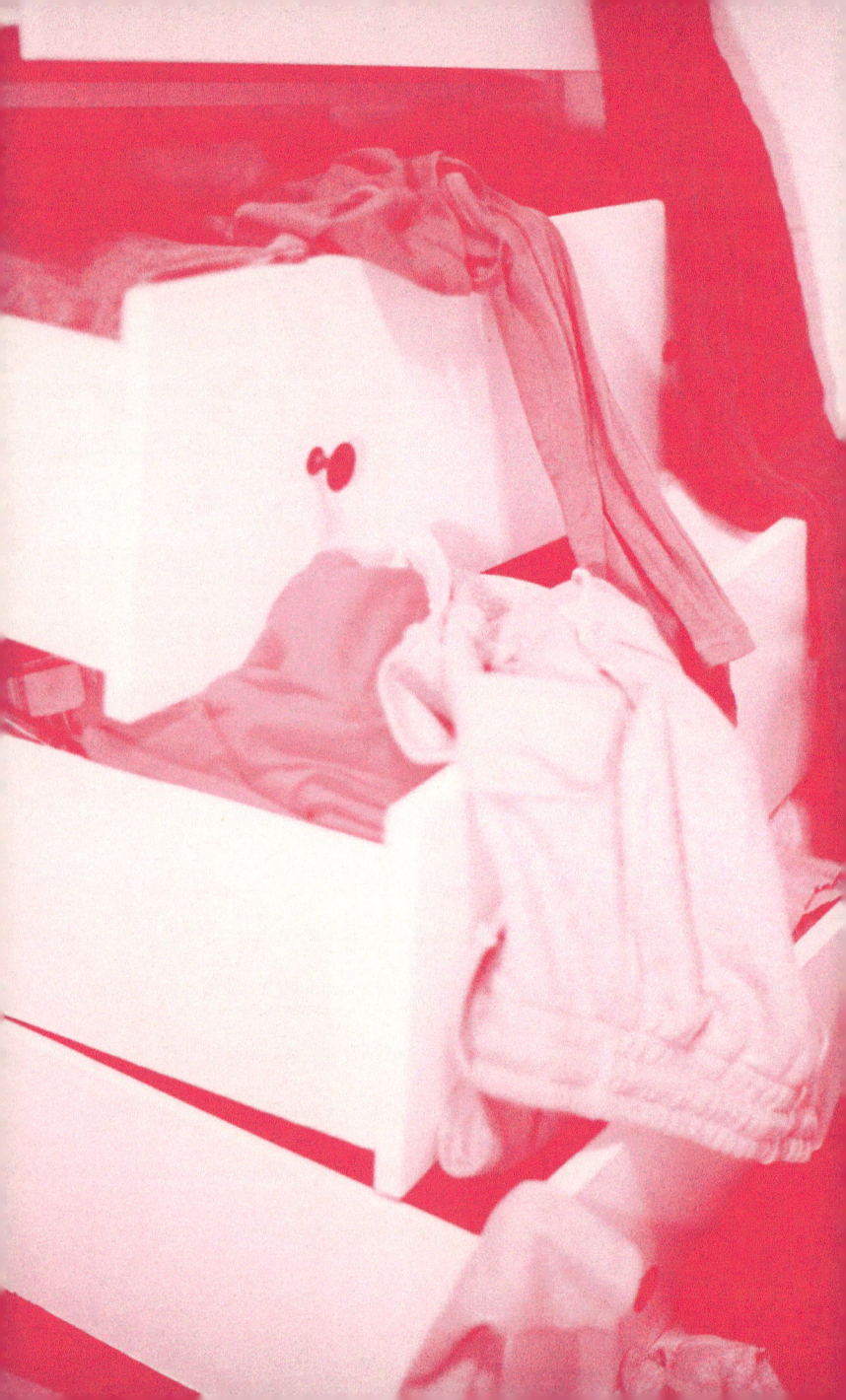

인용 음악

가요

god - 어머님께
2NE1 - Ugly, Lonely
리쌍 - TV를 껐네..., 광대, 내가 웃는게 아니야,
너희가 힙합을 아느냐
Miss A- Bad Girl Good Girl, 남자없이 잘 살아
홍진영-사랑의 배터리
다이나믹듀오- 고백
장기하-보고싶은 사람도 없는데
이선희-인연
엄정화-Festival
에스파-Black Mamba
김조한-사랑에 빠지고 싶다
Rachael Yamagata- Be Be Your Love
이랑-신의놀이
레드벨벳-빨간맛
박지윤-성인식

동요

멋쟁이토마토- 김영광
도깨비팬티-작자미상

비문 투성이에 오류 투성이 문장들을 쓰면서 내내 괴로웠습니다. 하고 싶은 이야기들은 많은데, 어떻게 말해야 할지 몰라 암담했어요. 그럼에도 불구하고 계속 썼습니다. 나도 그랬다는 한마디가 듣고 싶어서. 나도 그랬다고 말하고 싶어서. 드디어 말 할 수 있어 후련하네요.
이 책을 읽으면서 한순간이라도 입꼬리가
씰룩거린적 있으시기를 바랍니다.
다음에 또 만나요.
감사합니다.

한녀 (恨女) 랩소디

ⓒ 2023. 인주 all rights reserved.

개정 1쇄 발행	2025년 3월 1일
초판 1쇄 발행	2023년 1월 13일
초판 2쇄 발행	2023년 5월 1일

지은이	인주 (@zizon_inzu)
교정 교열	차서로
표지	정원 (toi toi toi)
내지 사진	김물, 인주

발행처	인디펍
발행인	민승원
출판등록	2019년 01월 28일 제2019-8호
전자우편	cs@indiepub.kr
대표전화	070-8848-8004
팩스	0303-3444-7982

정가 16,000원
ISBN 979-11-6756666-9 (03810)

* 잘못된 책은 구입하신 서점에서 교환해드립니다.
** 이 책의 내용 전부 또는 일부를 이용하려면 반드시 저작권자의 허락을 받아야 합니다.